Pocket Power

Günther Eufinger

Dokumente perfekt gestalten

Die Herausgeberin

Anne Brunner ist Professorin für Schlüsselqualifikationen an der Fakultät General Studies der Hochschule für Angewandte Wissenschaften - Fachhochschule München. Sie vermittelt die so genannten SoftSkills, die nicht nur im Beruf, sondern auch bei der Persönlichkeitsentwicklung und letztlich in allen Lebenslagen unentbehrlich sind.

Der Autor

Günther Eufinger hat für dieses Buch mehr als zehn Jahre Projekterfahrung als Berater für Großunternehmen wie Deutsche Bank, Lufthansa und MasterCard aufbereitet. Er ist Inhaber und Leiter der MCORE Managementberatung (www.m-co-re.com), die ihren Kunden hilft, Managementkonzepte zu entwickeln und erfolgreich zu realisieren.

Günther Eufinger

Dokumente perfekt gestalten

HANSER

Bibliografische Information der Deutschen Nationalbibliothek.
Die Deutsche Nationalbibliothek verzeichnet diese Publikation in der Deutschen Nationalbibliografie; detaillierte bibliografische Daten sind im Internet über http://dnb.d-nb.de abrufbar.

Internet: http://www.hanser.de
Lektorat: Lisa Hoffmann-Bäuml
Herstellung: Ursula Barche
Umschlaggestaltung: Büro plan.it unter Verwendung einer Illustration von Frank Schmolke
Gesamtherstellung: Kösel, Krugzell
Printed in Germany

ISBN: 978-3-446-40986-6

Vorwort

Die Bedeutung von Schlüsselkompetenzen steht außer Frage, international wie national. Ein Blick in die Stellenanzeigen zeigt, wie wichtig sie Arbeitgebern sind. Auch Schulen und Hochschulen sind sich ihrer Verantwortung zunehmend bewusst. In die Lehrpläne gehört nicht nur Fachwissen. Mindestens ebenso wichtig sind allgemeine Fähigkeiten, mit den verschiedenen Situationen und Herausforderungen des Lebens zurecht zu kommen. Für jeden Menschen ist eine der wichtigsten Schlüsselkompetenzen das lebenslange Lernen. Das vorliegende Buch gehört zu der Pocket Power-Reihe SoftSkills, die Bausteine für den lebenslangen Prozess des Lernens, der Weiterbildung und Kompetenzentwicklung liefert.

Was sind Schlüsselkompetenzen? Angesichts der Vielzahl an Literatur ist es nicht leicht, den Überblick zu behalten. Kompetenzen setzten sich aus drei Komponenten zusammen: Wissen, Fähigkeiten und Haltungen. Einstellungen und Haltungen bilden dabei die Grundlage, denn es geht um mehr als um reine Techniken. Schlüsselkompetenzen sind überfachliche Kompetenzen, die sich in folgende Dimensionen einteilen lassen:

- Persönliche Kompetenz (z. B. Werte, Selbstreflexion, meine Stärken und Grenzen)
- Soziale Kompetenz (z. B. Kommunikations- und Kooperationsfähigkeit, Verständnisbereitschaft)
- Methodische Kompetenz (z. B. präsentieren, moderieren, verständlich Schreiben)

- Aktionale Kompetenz (z. B. Initiative, Tatkraft, Ausführungsbereitschaft)
- Reflexive Kompetenz (Reflexionsfähigkeit in Bezug auf äußere Erlebnisse und Erfahrungen)

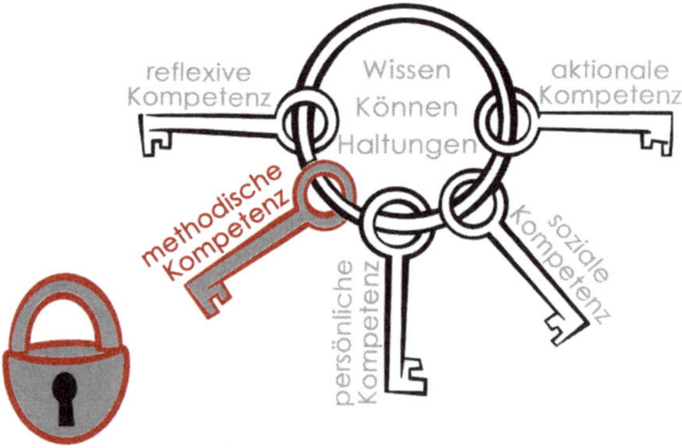

Schlüsselqualifikationen: Fünf Dimensionen, die eng miteinander verknüpft sind. Die reflexive Kompetenz wird hier bewusst als eigene Dimension genannt und bildet den Gegenpol zur aktionalen Kompetenz.

Zur Übersicht dient ein Schlüsselbund, der die fünf Basiskompetenzen darstellt (siehe Bild). Alle Bücher dieser Reihe fördern schwerpunktmäßig eine bestimmte Basiskompetenz. Dieser Band vermittelt Ihnen, wie Sie Dokumente anschaulich, verständlich und überzeugend gestalten – und das in möglichst kurzer Zeit. Er ist also in erster Linie der *methodischen Kompetenz* zuzuordnen, wobei mehrere Kompetenzen ineinander greifen.

München, Mai 2007 Anne Brunner

Inhalt

Verwendete Symbole:

Tipps

Merke

Checkliste

Achtung

1

Wie überzeugen Sie?

WORUM GEHT ES?

Kennen Sie das: Sie betrachten eine Präsentation und fragen sich, was der Autor Ihnen eigentlich sagen will? Sie lesen Dokumente, die Sie einfach nur anstrengend finden? Sie schauen auf Grafiken mit unzähligen Elementen und Farben, deren Kernaussage aber verborgen bleibt?

Sie können sicher sein, Sie sind nicht allein. Die Qualität von Dokumenten im beruflichen Umfeld lässt oft zu wünschen übrig. Nun kann man sagen: „Das ist eben so, man hat eben nicht die Zeit, sich immer um jedes Detail zu kümmern." Tatsächlich ist das Erstellen guter Dokumente sehr aufwendig. Die Zeit, die Sie für das Erstellen eines wichtigen Dokuments aufwenden, ist direkt messbar. Schwer zu ermitteln ist hingegen, welche gewünschte oder unerwünschte Wirkung ein Dokument beim Leser erzielt.

Welche verheerenden Folgen mangelhafte Dokumente auslösen können, zeigen die Katastrophen der Raumfähren Challenger (1986) und Columbia (2003). In beiden Fällen waren die Fehlentscheidungen der verantwortlichen Manager auch auf mangelhafte Dokumente zurückzuführen. Was in diesen Beispielen von Untersuchungskommissionen festgestellt wurde, bleibt im Berufsalltag meist unbeachtet: Viele alltägliche Probleme wie Missverständnisse, endlose

Abstimmungsprozesse, mangelnde Überzeugungen können darauf zurückgeführt werden, dass Sachverhalte mangelhaft oder gar nicht dokumentiert wurden.

Wenn Sie dieses Risiko nicht eingehen möchten, finden Sie mit diesem Buch einen Praxisleitfaden zum „perfekten" Dokument.

WAS BRINGT ES?

- **Missverständnisse vermeiden.** In diesem Buch zeigen wir, wie Sie Ihre Botschaft anschaulich und treffend kommunizieren. Damit sinkt die Gefahr, dass Sie missverstanden werden.
- **Zeit sparen.** Wenn Sie die Hinweise in diesem Praxisleitfaden beachten, werden Sie weniger Zeit benötigen, um Dokumente wirkungsvoll zu gestalten.
- **Empfänger überzeugen.** Ihre Dokumente wirken umso überzeugender, je leichter es dem Leser fällt, die Inhalte und Aussagen zu verstehen. Verständlichkeit und Klarheit lassen Dokumente entstehen, die eine überzeugende Eleganz ausstrahlen.
- **Hohe Akzeptanz im Beruf.** Inhalte, die Sie ansprechend dokumentieren, können Sie auch leichter und überzeugender vermitteln. Sie stärken so Ihre berufliche Kompetenz.

Das wichtige Thema Sprache wird in dem Pocket Power-Band „Perfekt schreiben" (Autoren: M. Reiter und S. Sommer) dargestellt und in diesem Band nicht berücksichtigt.

2
Ziel und Zielgruppe

WORUM GEHT ES?

In einer chemischen Fabrik wurde eine Investition in Sicherheitstechnik notwendig. Der zuständige Ingenieur legte seinem Werkleiter ein detailliertes Konzept vor, das eine technisch aufwendige Lösung favorisierte, die jedoch auch zukünftig auftretende Auflagen abdecken konnte. Der erhebliche Umfang der Investition machte es erforderlich, das zentrale Controlling einzubinden. Um keine Zeit zu verlieren, leitete der Werkleiter die Präsentation des Ingenieurs unverändert weiter. Das Dokument zeigte sehr detailliert die Vor- und Nachteile verschiedener Alternativen und die zu erwartenden Kosten.

Für den Fachbereich unerwartet favorisierte das Controlling eine einfachere Lösung mit geringerem Investitionsvolumen. Darüber entbrannten in den folgenden Wochen zeitraubende Diskussionen. Gegenseitige Vorurteile verfestigten sich: Die Controller hielten die Werkingenieure für technikverliebt, die Ingenieure sahen sich bestätigt: Controller haben keine Ahnung von der Materie.

Wie konnte diese Konfliktsituation entstehen? Das grundlegende Problem stellte die Präsentation dar. Sie war nicht auf die besonderen Anforderungen des Controllings, sondern auf den Werkleiter zugeschnitten. Die Ingenieure hätten wahrscheinlich einen Tag benötigt, um die technischen Details der Präsentation zu kürzen und die für das Controlling relevanten Informationen hervorzuheben. Die Folgen dieser vermeintlichen Zeitersparnis waren endlose Besprechungen und Telefonate, die Einbeziehung der Unternehmensspitze und spürbare persönliche Spannungen zwischen den Beteiligten.

Um die Gefahr von Missverständnissen und Kommunikationskonflikten zu umgehen, sollten Sie Ihre Dokumente stets an die besonderen Anforderungen der Zielgruppe anpassen. Sie erfahren in diesem Abschnitt, wie Sie Ziel und Zielgruppe eines Dokuments abgrenzen können.

WAS BRINGT ES?

Mit einer sorgfältigen Formulierung von Ziel und Zielgruppe wird es Ihnen später leichter fallen, die Inhalte für das Dokument gezielt zusammenzustellen. Sie reduzieren somit die Gefahr, an der Zielgruppe vorbeizukommunizieren.

WIE GEHE ICH VOR?

Setzten Sie sich zunächst mit dem konkreten Ziel auseinander, das Sie erreichen möchten. Orientieren Sie sich im zweiten Schritt an der für dieses Ziel relevanten Zielgruppe.

Das Kommunikationsziel

Wenn Sie vor einer wichtigen Kommunikationsaufgabe stehen, sollten Sie zunächst die folgenden Fragen beantworten:

- Was möchte ich mit dem Dokument und der damit verbundenen Kommunikation erreichen?

- Was ist mein konkretes Ziel?
- Vorausgesetzt, alles läuft optimal, was möchte ich mit der Kommunikation erreichen?

Diese Fragen sollten Sie möglichst präzise und schriftlich beantworten.

Die Zielgruppe definieren

Wer überzeugen will, muss die Sprache seiner Leser sprechen. Wer seine Zielgruppe nicht genau eingrenzt, gerät in Gefahr, nicht den richtigen „Ton" zu treffen. So laufen Sie Gefahr, Ihr Kommunikationsziel nur noch zu erreichen, wenn die Empfänger Ihrem Anliegen sehr positiv gegenüberstehen („Goodwill"). Darauf sollten Sie sich nicht verlassen. Mit folgenden Fragen grenzen Sie die Zielgruppe ein:

- Wen muss ich ansprechen, um mein Kommunikationsziel zu erreichen?
- Wer gehört zu einem erweiterten Empfängerkreis? Wer wird dieses Thema beeinflussen?
- Kann ich diese Personen direkt oder lediglich indirekt ansprechen?

Indirekte Empfänger

Viele wichtige Empfänger erreichen Sie vielleicht gar nicht direkt, sondern nur indirekt. Das ist zum Beispiel der Fall, wenn bei einer Präsentation der letztendlich entscheidende Manager nicht persönlich, sondern stellvertretend ein Mitarbeiter anwesend ist. Diesem wichtigen indirekten Empfänger steht aber nur das ausgehändigte Dokument zur Verfügung. Alle Informationen, die im mündlichen Vortrag zusätzlich gegeben wurden, sind für ihn nicht verfügbar. Das ist ein bedeutender Punkt. Sie müssen stets anstreben, dass ein indirekter Empfänger ein Dokument ohne jegliche verbale Erläuterung verstehen kann. Daher ist es zwingend erforderlich, dass ein Dokument seine Botschaft zweifelsfrei und selbsterklärend transportieren kann, ohne Ihre „Tonspur“.

Zielgruppe definieren

- **Wen?** Wen **sollten** Sie im Idealfall ansprechen? Wen **können** Sie ansprechen?
- **Direkt oder indirekt?** Können Sie die entscheidende(n) Person(en) direkt oder nur indirekt über deren Mitarbeiter ansprechen? So können Sie aus einer Zielgruppe die Adressaten ableiten, an die Sie sich wenden.
- **Indirekte Empfänger:** Berücksichtigen Sie auch die Anforderungen indirekter Empfänger. Diese sollten das Dokument ungeleitet, ohne mündliche Erläuterungen verstehen können.
- **Kernzielgruppe im Fokus:** Auch wenn Sie weite Empfängerkreise in Ihre Überlegungen einbeziehen, sollte Ihr Dokument vorrangig die Kernzielgruppe bedienen.

Die Zielgruppe analysieren

Es genügt nicht, allein die Zielgruppe zu definieren. Um wirklich die Sprache der Empfänger zu treffen, sollten Sie sich in die Zielgruppe hineinversetzen. Dabei hilft Ihnen die folgende Checkliste:

Zielgruppe analysieren

Auch wenn Ihnen die Empfänger vertraut erscheinen: es lohnt sich immer, sich noch einmal intensiv in die Zielgruppe hineinzuversetzen:

- **Hintergrund:** Welche beruflichen Funktionen üben die Adressaten aus? Welche Ausbildung und Erfahrungen hat die Zielgruppe?
- **Wissensdefizit:** Was sollte die Zielgruppe zu Ihrem Thema wissen, was sie jetzt noch nicht weiß?
- **Interesse und Wohlwollen:** Welches Interesse bringt die Zielgruppe Ihrem Thema entgegen? Werden Sie tendenziell auf Unterstützung oder Ablehnung stoßen?
- **Motivation:** Was motiviert die Zielgruppe? Warum sollte diese ihre Zeit ausgerechnet Ihrem Thema widmen? Auf welche Themen reagieren die Adressaten besonders emotional? Welche Aspekte sollten Sie daher ansprechen, welche auf keinen Fall?

„Herr Schneider, was wissen Sie zu diesem Thema?"

Viel zu oft wird die beste Informationsquelle zur Zielgruppe nicht genutzt: die Zielgruppe selbst. Überlegen Sie, ausgewählte Adressaten offen zum Thema zu befragen: „Herr Schneider, es wäre wichtig zu erfahren, was Sie zum Thema wissen."

So haben Sie eine zusätzliche Chance, zu erfahren, wie die Zielgruppe dem Thema gegenübersteht. Es empfiehlt sich, die Ergebnisse der Checklisten und eventueller persönlicher Feedbacks schriftlich festzuhalten.

Mit diesen Vorarbeiten haben Sie sich eine solide Ausgangsposition geschaffen. Diese Grundlage hilft Ihnen, im folgenden Abschnitt systematisch eine passende Inhaltsstruktur für das Thema zu entwickeln.

3
Die geeignete Struktur: Informieren oder Motivieren?

Eine geeignete Struktur hängt weniger vom Thema ab als von dem Ziel, das Sie verfolgen, und von der Zielgruppe, die Sie ansprechen wollen. Im vorhergehenden Abschnitt haben wir danach gefragt, was das Wissensdefizit der Zielgruppe ist und was die Zielgruppe motiviert.

Informieren oder motivieren? Im beruflichen Umfeld kommt es mehr oder weniger auf diese beiden Aspekte an.

In manchen Situationen liegt der Fokus der Kommunikation eindeutig darauf, zu *informieren*. Ein typisches Beispiel sind Schulungsunterlagen oder Handbücher. In diesem Fall bringt die Zielgruppe schon eine grundsätzliche Motivation für das Thema mit, so dass eine besondere Motivation nicht erforderlich ist. Wer beispielsweise eine Gebrauchsanweisung zur Hand nimmt, hat dafür bereits seine Gründe – er möchte etwas Konkretes erfahren.

Oft ist es allein mit einer sachlichen Vermittlung von Informationen nicht getan. In solchen Situationen müssen Sie die Zielgruppe zusätzlich *motivieren*. Sie sind darauf angewiesen, dass die Empfänger vom Thema überzeugt sind und aus diesem Grund etwas ganz Bestimmtes in Ihrem Sinne tun. Das kann zum Beispiel die Zustimmung zu einem Vorhaben sein. In solchen Situationen ist das „Verkaufen" Ihres Themas wichtig. Dazu müssen Sie eventuell auch Informationen liefern. In erster Linie jedoch möchten Sie die Zielgruppe davon überzeugen, etwas Bestimmtes in Ihrem Sinn zu unternehmen.

3.1 Schwerpunkt „Informieren"

WORUM GEHT ES?

Beim Schwerpunkt „Informieren" steht die sachliche Vermittlung von Information im Vordergrund, um das angestrebte Kommunikationsziel zu erreichen. Ein typisches Beispiel hierfür sind Schulungsunterlagen.

WAS BRINGT ES?

In diesem Abschnitt finden Sie Vorschläge für inhaltliche Strukturen, die allgemein gültig sind. Sie sind damit für viele Situationen geeignet, in denen die Vermittlung von Information im Vordergrund steht.

WIE GEHE ICH VOR?

Wenn es darum geht, Informationen nachvollziehbar zu vermitteln, sollten Sie zunächst die didaktische Struktur in Erwägung ziehen. Mit dieser Struktur vermittelt auch ein guter Lehrer neue Sachverhalte.

- **Didaktische Struktur**
  - **Standortbestimmung:** Um welches Thema geht es, was ist der Sachverhalt? Wo stehen wir? Was kennen wir bereits?
  - **Motivation:** Warum ist das Thema wichtig?
  - **Lernziele:** Was soll vermittelt werden?

- **Lerninhalt:** Wie sollte das eigentliche Thema dargestellt werden? These, Beispiel, Vertiefung, Zusammenfassung?
- **Lernkontrolle:** Wurde das Thema verstanden?

So gut die didaktische Struktur auch geeignet ist, Lerninhalte zu vermitteln, sie hat einen Nachteil: Der Leser könnte sich belehrt fühlen. In ihrer Reinform ist diese Struktur tatsächlich nur für Lernmaterial geeignet und zum Beispiel weniger für Managementpräsentationen.

Eine weitere allgemein gültige Struktur, die sich für viele Situationen eignet, ist die „allgemeine Problemlösung“.

- **Allgemeine Problemlösung**
  - **Status/Problembeschreibung:** Was ist das Problem? Worum geht es?
  - **Ziele:** Was soll erreicht werden?
  - **Optionen:** Welche Optionen haben wir zur Verfügung?
  - **Bewertung der Optionen:** Was sind die Vorteile, Nachteile, Chancen und Risiken der jeweiligen Optionen?
  - **Entscheidung und Umsetzung:** Welche Option ist zu empfehlen und warum?
  - **Nächste Schritte:** Was ist zu tun?
  - **Erfolgskontrolle:** Wie kann der Erfolg überprüft werden?

Den Leser abholen

Sehr oft wird in Dokumenten lediglich die Information vermittelt, die für die Empfänger neu ist. Wozu sollte man auch bereits Bekanntes erwähnen?

Tatsächlich ist es aber zwingend erforderlich, den Leser dort abzuholen, wo er steht. Das heißt, ihm mit der Wiederholung von bereits bekannten und vertrauten Sachverhalten einen leichten Einstieg in das Thema zu ermöglichen. Erst danach sollten neue Sachverhalte erörtert werden. Der Leser kann sich so auf das Thema einstellen und wird nicht „kalt erwischt".

Die *didaktische Struktur* und die *allgemeine Problemlösung* bilden in vielen Situationen eine gute Ausgangsbasis, die Sie für Ihre Zwecke anpassen und erweitern können. Darüber hinaus finden Sie in Bild 1 und 2 Inhaltsstrukturen für spezielle Aufgabenstellungen, die häufig in der Managementpraxis angewendet werden.

3.2 Schwerpunkt „Motivieren"

WORUM GEHT ES?

Sobald Sie die aktive Unterstützung der Zielgruppe benötigen, stoßen Sie mit dem Ansatz „Informieren" schnell an Grenzen. Dann wird es erforderlich, die Zustimmung der Adressaten für Ihr Anliegen zu gewinnen. Hierzu hilft der Ansatz „Motivieren" weiter.

Projektinitiative

- Zusammenfassung
- Ausgangssituation
- Stärken-/Schwächenanalyse
- Projektvision
- Beteiligte/Interessengruppen
- Nächste Schritte

Projektstatusbericht

- Projektverlauf seit dem letzten Statusbericht
- Status gegenüber Umsetzungsplan und Zielen
    - Akute Problemsituationen
    - Gefahren und Risiken
- Maßnahmen
    - Handlungsoptionen
    - Bewertung der Handlungsoptionen
    - Handlungsempfehlungen
- Vereinbarung der nächsten Schritte

Projektplan

- Projektvision
- Projektziele
- Umsetzungsplan
    - Voraussetzungen/Bedingungen
    - Aktivitäten
    - Ressourcen
    - Meilensteine
    - Zeitplan
    - Kostenplan
- Projektteam
    - Rollen
    - Verantwortungen
    - Grundsätze der Zusammenarbeit
- Kraftfeldanalyse
    - Chancen und Risiken
    - Interessenvertreter
    - Förderer/Kritiker außerhalb des Teams
    - Kritische Erfolgsfaktoren
- Kontroll- und Steuerinstrumente
    - Statusberichte
    - Lenkungsausschuss

Bild 1: Inhaltsstrukturen im Projektumfeld

Geschäftsplan

- Zusammenfassung
- Das Managementteam
- Die Produkte/Die Dienstleistungen
- Marktanalyse
  - Marktsegmente
  - Wettbewerbsanalyse
  - Markttrends
  - In drei Jahren
- Die Strategie
  - Alleinstellungsmerkmal
  - Marktpenetration
- Der Umsetzungsplan
  - Meilensteine
  - Unternehmensform und -struktur
  - Kooperationen
- Finanzplan
  - Voraussetzungen und Annahmen
  - Geplante Gewinn-/Verlustentwicklung
  - Eröffnungsbilanz

Dienstleistungsvertrag (SLA)

- Zusammenfassung
- Die Partner der Vereinbarung
  - Dienstleister
  - Kunde
- Beschreibung der Dienstleistung
  - Zielsetzung und Anforderungen des Kunden
  - Leistungsumfang
  - Sonstige Pflichten Dienstleister
  - Pflichten des Kunden
  - Prozessbeschreibung
  - Qualitätskennzahlen
- Instrumente zur Implementierung
  - Verfahren bei Störungen
  - Instrumente zur Leistungskontrolle
  - Bonus-/Malussystem
  - Eskalationssystem
- Zeitplan
- Preis
  - Fixe Gebühren
  - Mengenstaffel
  - Zahlungsmodalitäten

Bild 2: Inhaltsstruktur für Geschäftsplan (Business Plan) und Dienstleistungsvertrag

WAS BRINGT ES?

Sie schaffen die Voraussetzung für eine aktive Unterstützung Ihres Anliegens durch die Zielgruppe.

WIE GEHE ICH VOR?

Wenn Motivieren im Vordergrund steht, lässt sich eine Struktur weniger gut allgemeingültig ableiten wie beim Informieren. Wie kann man Menschen motivieren? Das ist eine fast philosophische Frage, die wir hier nicht erschöpfend beantworten können. Jedoch scheinen im beruflichen Umfeld folgende Aspekte eine Rolle zu spielen: Anreiz, Belohnung, Neugier, Lust auf Neues, Erstaunen, Angst, Freude und Überzeugung. Also vor allem Gefühle und Emotionen. Und auf dieser Voraussetzung können Sie aufbauen.

Um weitere Anreize zu finden, können Sie die folgende Checkliste heranziehen, mit denen Sie ein Thema emotionalisieren können.

Ansätze für „Motivieren“

- **Anreiz:** Sie konzentrieren sich ausschließlich auf den besonderen Vorteil, den die Zielgruppe aus Ihrem Thema ziehen kann. Was motiviert die Zielgruppe und wie können Sie dazu beitragen? Denken Sie nicht nur an Geld, sondern auch an Faktoren wie Sicherheit, Flexibilität, Ansehen und Ähnliches.
- **Gefühl:** Appellieren Sie an das Gefühl Ihrer Zielgruppe. Sprechen Sie das gute oder schlechte Gewissen an. Was erzeugt Sympathien, was erzeugt Antipathie?
- **Überraschung:** Sie bringen Ihr Thema mit einem Thema aus einem scheinbar völlig anderen Bereich in Verbindung. Dabei sind der Fantasie keine Grenzen gesetzt, solange Sie wieder zur Sache zurückfinden.

- **Salamitaktik:** Sie präsentieren Ihr Anliegen in kleinen Stücken, die bequem „geschluckt" werden können.
- **Großer Braten:** Das Gegenteil von Salamitaktik. Hier fordern Sie bewusst ein großes Stück, um – nach entsprechenden Verhandlungen – ein kleines Stück zu bekommen.
- **Cliffhanger:** Eine Bezeichnung aus der Medienbranche. Sie halten das Interesse des Publikums mit einer großen Ankündigung wach („nach der Werbung"), auf die Sie wiederholt verweisen und die Sie erst ganz zum Schluss wahr machen.
- **Schaukampf:** Hier gilt das Motto: „Gut ist, was sich bewährt." Das kennen Sie aus Verkaufsshows, in denen der Verkäufer sein Produkt den unglaublichsten Härtetests unterzieht. So könnten Sie zum Beispiel bei der Vorbereitung einer Livepräsentation einen Teilnehmer instruieren, Ihnen wenige, sehr kritische Fragen zu stellen, die Sie dann mit Leichtigkeit entkräften. In Dokumenten, die nicht für einen Vortrag vorgesehen sind, können Sie kritische Fragen selbst aufführen und beantworten.
- **Humor:** Sofern das Thema es zulässt, ist natürlicher und authentischer Humor sehr gewinnend. Doch Vorsicht: nichts ist so ernüchternd wie ein Witz, der nicht ankommt.
- **Stolz:** Nutzen Sie den Stolz des Publikums, zeichnen Sie es aus, machen Sie es zu etwas Besonderem.
- **Burning Platform:** Wer springt schon freiwillig von einem Schiff? Anders sieht es aus, wenn das Schiff brennt und zu sinken beginnt. Indem Sie eine Situation ungeschönt und drastisch darstellen, appellieren Sie zum Handeln.

4 Inhalte erarbeiten

4.1 Von der Struktur zur Stoffsammlung

WORUM GEHT ES?

Die vorangegangenen Schritte haben Ihnen dabei geholfen, eine inhaltliche Struktur für Ihr Dokument zu erarbeiten. Auf dieser Basis können Sie nun die Inhalte für Ihr Dokument ausarbeiten.

WAS BRINGT ES?

Sie erarbeiten zeitsparend die Details für Ihr Dokument und entgehen der Gefahr, den Überblick zu verlieren.

WIE GEHE ICH VOR?

Strukturen erarbeiten mit Mindmapping

Wenn es darum geht, eine Struktur mit Inhalten zu füllen, setzen viele Autoren erfolgreich sogenannte Mind Maps ein (Bild 3). Vereinfacht gesagt zeichnen Sie mit einer Mind Map ein Bild von einer Struktur und nutzen dieses Bild, um möglichst viele Unterpunkte und Aspekte zu berücksichtigen. Mind Maps aktivieren durch ihren spielerischen Ansatz Bereiche des Gehirns, die bei der rein auf Fließtext gestützten Bearbeitung nicht gefordert werden.

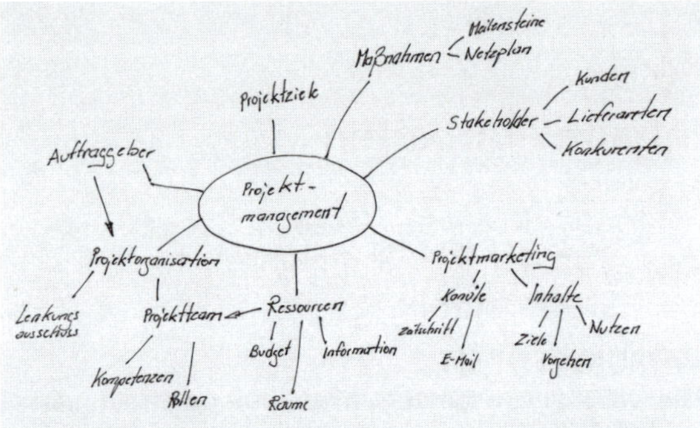

Bild 3: Beispiel für eine Mind Map zum Thema Projektmanagement

Um Mind Maps zu erstellen, gibt es zahlreiche Software, die teilweise auch kostenlos über das Internet erhältlich ist. Ein Nachteil der meisten Mindmapping-Anwendungen ist jedoch, dass sich die so entwickelten Strukturen nur umständlich mit Details füllen lassen. Zwar lassen sich zu jedem Punkt Notizen eintragen, aber nicht immer Bilder, Tabellen oder Verknüpfungen zu Dateien, die als Quelle dienen.

Gliederungseditoren

Gliederungseditoren bieten die Möglichkeit, zu einem Thema auch detaillierte Inhalte zusammenzutragen und flexibel über eine jederzeit veränderbare Gliederung zu strukturieren.

Eine sehr bedienungsfreundliche Software ist *lexiCan*, die vom Autor mit entwickelt wurde (Bild 4). Mit lexiCan können beliebige Inhalte flexibel strukturiert werden. Zusätzlich bietet die Anwendung die Möglichkeit, mit einem Klick Verweise zwischen Inhalten als Hyperlinks zu setzen. So kann die Netzstruktur von Inhalten sehr leicht abgebildet werden. Weiterhin können elektronische Quellen zu den Inhalten als Anhang bereitgestellt werden.

lexiCan bietet alle Möglichkeiten, um ein Thema von der ersten Recherche bis zur Veröffentlichungsreife zu bearbeiten und dabei den Überblick zu behalten. Zur Veröffentlichung können die aufbereiteten Inhalte leicht in PowerPoint oder Word übertragen und weiterverarbeitet werden.

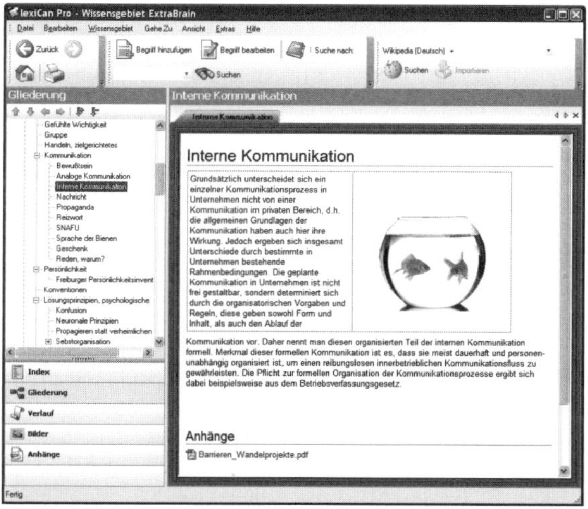

Bild 4: lexiCan hilft Autoren, Inhalte zu entwickeln

4.2 Inhalte komprimieren

WORUM GEHT ES?

In diesem Abschnitt geht es darum, wie Sie dem Leser Informationen und Sachverhalte sicher, aber mit möglichst wenig Aufwand vermitteln.

Abhängig davon, wie eine Information aufbereitet ist, kann sie der Leser schneller oder langsamer aufnehmen. So bietet ein Fließtext die Information sequenziell an. Der Leser folgt von Anfang bis Ende der Linie, die der Autor vorgegeben hat. Oder der Leser springt im Text und geht die Gefahr ein, wichtige Inhalte zu übersehen. Anders ist dies zum Beispiel bei einer Tabelle. Hier kann der Leser gezielt Informationen heraussuchen, vorausgesetzt, dass der Aufbau der Tabelle für ihn nachvollziehbar ist.

WAS BRINGT ES?

Ihre Darstellung gewinnt an Effizienz, ein Leser benötigt weniger Zeit zum Erfassen der Inhalte.

WIE GEHE ICH VOR?

Ausgehend von einem Fließtext können Sie folgende Schritte nutzen, um Inhalte zu komprimieren:

- **Text kürzen:** Im ersten Schritt sollten Sie überprüfen, ob ein Text kürzer formuliert werden kann. Suchen Sie nach Phrasen, Füllwörtern oder Passagen, die wenig zu den Kernaussagen beitragen. Streichen Sie diese aus dem Text.
- **Texte zu Tabellen:** Prüfen Sie, ob sich ein Fließtext nicht auch als Tabelle darstellen lässt. Das bietet sich in erster Linie bei quantitativen Sach-

verhalten an. Denken Sie aber auch an andere Inhalte. Ein Beispiel ist das Gegenüberstellen von Vor- und Nachteilen verschiedener Alternativen. Hier verharren viele Autoren im Fließtext, obwohl sich durchaus eine Tabelle anbieten würde (ab Seite 51).

- **Tabellen zu Grafik:** Sofern eine Tabelle mehr als neun Zahlen enthält, empfiehlt sich die Aufbereitung in einem Diagramm (ab Seite 62).
- **Text zu Grafik:** Suchen Sie nach Wegen, mit denen sich Zusammenhänge auch grafisch aufbereiten lassen. Hierzu bieten sich oft Infografiken an (ab Seite 79).

Eine solche Komprimierung von Text hat auch ihre Grenzen. Sehr häufig trifft man in Unternehmen auf Dokumente, in denen die Inhalte extrem verdichtet sind. Solche Dokumente zeigen ausschließlich Tabellen, Bilder, Diagramme und Aufzählungen, die lediglich aus Schlagworten bestehen. Der Inhalt ist dann so hoch komprimiert, dass er nur noch sehr schwer und mit erheblichem Aufwand zu entschlüsseln ist. Daher sollten Sie komprimierte Inhalte in kurze textliche Erläuterungen einbetten, die erklären, was zu sehen ist, und den Kontext herstellen. Besonders beim Aufbau von Präsentationen ist diese Thematik wichtig. Da PowerPoint-Präsentationen inzwischen eine weite Verbreitung gefunden haben, behandeln wir diese Thematik im folgenden Abschnitt ausführlicher.

4.3 PowerPoint richtig einsetzen

WORUM GEHT ES?

Das Management von heute scheint ohne den Einsatz von PowerPoint nicht mehr lebensfähig zu sein. Sobald ein Dokument besprochen wird, dürfte dies in 80 % aller Fälle auf einer PowerPoint-Datei basieren. Merkwürdigerweise auch in den Fällen, in denen eine Projektion mittels Beamer gar nicht vorgesehen ist. Solche Situationen gibt es viele. So zum Beispiel, wenn ein Sachverhalt in einem kleinen Kreis mit einer ausgedruckten Präsentation diskutiert wird. Selbst dann, wenn Inhalte nur als E-Mail versendet werden, kommt PowerPoint zum Einsatz. Man kann den Eindruck gewinnen, dass alles, was auch nur ein wenig nach Konzept oder Management anmutet, in PowerPoint verarbeitet werden *muss*.

Wir könnten diesen Sachverhalt getrost ignorieren, wenn der Einsatz von PowerPoint nicht gravierende Probleme aufwerfen würde. Eine Vielzahl von Missverständnissen, mangelnde Akzeptanz und Fehlkommunikation in Unternehmen können darauf zurückgeführt werden, wie Inhalte per PowerPoint aufbereitet werden. Das Gefährliche dabei: Die verwendeten Dokumente werden selten als Auslöser dieser Probleme erkannt.

PowerPoint ist im Grunde dazu ausgelegt, Inhalte zu erstellen, die relativ großflächig an eine Wand projiziert werden. PowerPoint ist bis zum heutigen Zeitpunkt nicht dazu konzipiert, umfangreiche Texte sinnvoll zu verarbeiten. Bei einer Projektion ist es deshalb unerlässlich, dass sie wenig Text enthält.

Eine Seite wie in Bild 5 dargestellt ist ein „Schlagwortgewitter“. Denn außer Schlagworten erhalten

Unser Vorgehen zur Steigerung der Effizienz

- Case Champions: für jeden Auftrag ein designierter Verantwortlicher
- Service Level Agreements mit spezifizierten Leistungen
- Einführen von Quality Gates
- Sofortige Fehlanzeigen an den Kunden bei Unterdeckung
- Anpassungen im Warenwirtschaftssystem zur schnelleren Auftragsbestätigung

Bild 5: Seite einer Präsentation, die nur mit mündlichen Erläuterungen verständlich wird

die Leser keine nennenswerten Informationen. Wenn ein Dokument ausschließlich solche Seiten enthält, wird es vielen Lesern schwerfallen, sich ein Bild davon zu machen, was sich hinter den einzelnen Punkten verbirgt. Im schlimmsten Fall entwickelt der Leser ein Verständnis, das sich *nicht* mit dem des Autors deckt. So können folgenschwere Missverständnisse ihren Anfang nehmen, die erst sehr viel später in Erscheinung treten.

Solche „Schlagwortgewitter“ können in Anwesenheit des Verfassers ihren Zweck erfüllen. Denn während eines Vortrags kann man in die fragenden Gesichter der Zuhörer sehen, entsprechende Erläuterungen geben und Fragen beantwortet werden. So kann sich bei den Beteiligten, trotz der wenigen Informationen an der Wand, das Gefühl einstellen, verstanden zu haben, worum es geht.

Es besteht jedoch schon nach kurzer Zeit die Gefahr, dass sich ein Empfänger nicht mehr an die mündlichen Ausführungen – „die Tonspur“ – erinnern kann. Man kann nicht davon ausgehen, dass die Anwesenden ausreichende Notizen mitschreiben. Nach der „Livepräsentation“ werden die Empfänger mit dem „Schlagwortgewitter“ quasi wieder allein gelassen. Dieses Problem verschärft sich noch, wenn Teilnehmer ein Dokument an Personen weitergeben, die bei Ihrer persönlichen Präsentation nicht anwesend waren.

Leider hilft es nur wenig, die für ein tiefer greifendes Verständnis notwendigen Informationen im üblichen PowerPoint-Format auf der Folie zu ergänzen. Dann entstehen Seiten wie Bild 6.

Die Präsentation in Bild 6 enthält zwar ausführlichere Informationen, was die Wahrscheinlichkeit von Missverständnissen gegenüber Bild 5 verringert. Diese Darstellung ist jedoch aus anderen Gründen ungeeignet:

- **Zeilen zu lang:** Das Querformat der Präsentation produziert sehr lange Textzeilen. Bei solchen Längen bereitet es dem Auge erhebliche Mühe, einer

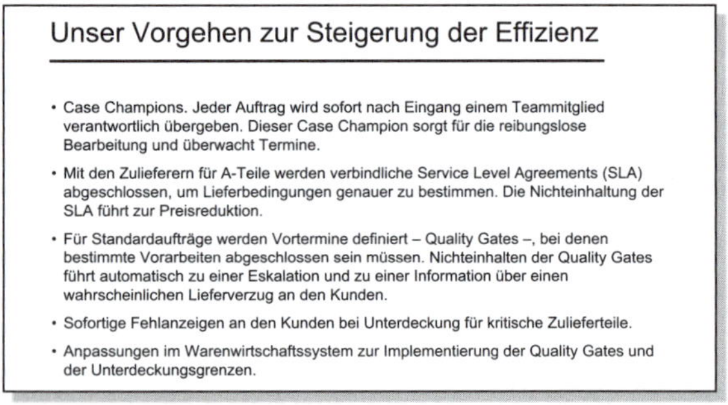

Bild 6: Textlastige Seite einer Präsentation, Detailinformation zulasten der Übersichtlichkeit und Lesbarkeit

Zeile zu folgen. Das ist auf Papier so, und erst recht bei einer Darstellung per Beamer.

- **Wenig Orientierung:** Der Text bietet nach der Überschrift keine weitere Orientierung. Es ist dem Leser nicht möglich, die wesentlichen Kernaussagen der Seite auf einen Blick zu erfassen. Es fehlen Gliederungspunkte und andere Formatierungen, die zur Übersicht verhelfen.
- **Platzfressend:** Werden kleinere Schriftgrade eingesetzt (14 und kleiner), lässt sich die Darstellung nicht mehr für eine Projektion verwenden. Verwendet man die für Präsentationen üblichen Schriftgrade (16 und größer), entstehen schnell ausufernde Dokumente. Die Übersichtlichkeit wird so reduziert.

In diesem Kapitel zeigen wir Ihnen effektive Möglichkeiten, Präsentationen für den Leser übersichtlich und detailliert zu gestalten.

WAS BRINGT ES?

Wenn es Ihnen gelingt, die Anforderungen nach Übersicht und Detail wirksam zu vereinen, vermeiden Sie viele Missverständnisse, die im Berufsleben durch Präsentationen entstehen können. Darüber hinaus vereinfachen Sie es dem Leser, sich die präsentierten Inhalte anzueignen.

WIE GEHE ICH VOR?

Es bieten sich zwei Alternativen an, um die Anforderung nach Übersicht und Detail zu erfüllen. Sie können Ihre *Darstellung in zwei Dokumente aufteilen.* Oder Sie versuchen, die *Anforderung nach Übersicht und Detail in der Präsentation gleichzeitig zu berücksichtigen.*

Aufteilen in zwei Dokumente

In diesem Fall verwenden Sie PowerPoint ausschließlich für das Einsatzgebiet, für das es gedacht ist: Visuelle Unterstützung für einen mündlichen Vortrag bieten. Die erforderlichen Detailinformationen übermitteln Sie in einem Handout, für das Sie am besten ein geeignetes Textverarbeitungsprogramm verwenden und eben nicht ein Präsentationsprogramm.

In dem Handout sollten Sie die Inhalte der Präsentation so weit wie möglich als verkleinerte Grafiken übernehmen. Die erforderlichen Detailinformationen – Ihre „Tonspur" – können Sie nun entspannt und verständlich in einem ausformulierten Text wiedergeben. So wird Ihre Präsentation auch für indirekte Empfänger unzweifelhaft verständlich.

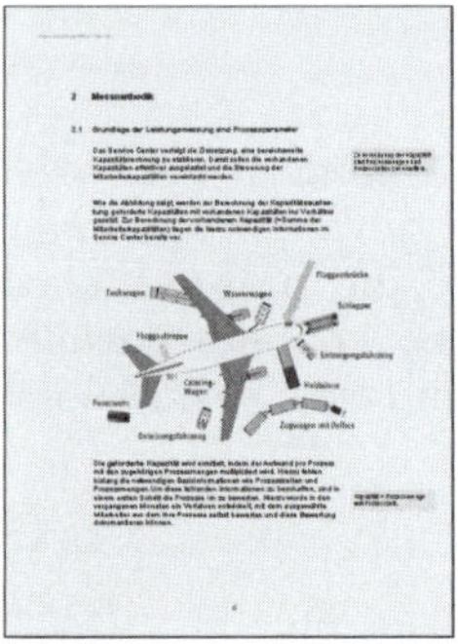

Handout

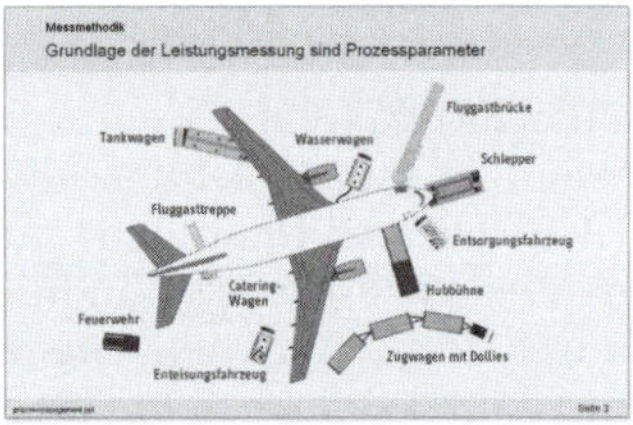

Beamerpräsentation

Bild 7: So berücksichtigen Sie die Anforderung für die persönliche Kommunikation in einem Vortrag und das unbegleitete Lesen der Inhalte

Übersicht und Detail in PowerPoint

In dieser Variante platzieren Sie die erforderlichen Detailinformationen direkt neben der Abbildung. Wenn Sie die Schriftgröße sehr klein formatieren, vermeiden Sie, dass die Seite für eine Beamerpräsentation zu textlastig wird (Bild 8).

Neben die in größerer Schrift gesetzten Schlagworte werden die detaillierten Erläuterungen direkt auf die Präsentationsseite gesetzt. Geeignet sind Schriftgrade von 10, 8 oder sogar 6. In diesen Schriftgraden sollten Sie Texte keinesfalls über die ganze Seitenlänge ziehen. Nutzen Sie unbedingt zwei oder drei Spalten, dadurch verbessert sich die Lesbarkeit.

Auch hier kann es sinnvoll sein, für einen Vortrag zwei Versionen zu erstellen. Eine Version als Handout mit den detaillierten Erläuterungen und eine Version für den Beamer, die nur die plakativen Inhalte enthält. Die Beamerversion können Sie kurz

Bild 8: Verbindung von Übersicht und Detail auf einer Seite

vor dem Vortrag erstellen, indem Sie einfach die detaillierten Texte herausnehmen.

Vorsicht bei Gimmicks

Zum richtigen Einsatz von PowerPoint gehört auch der sparsame Einsatz von Animationen. Sie sollten immer darauf abzielen, Ihr Thema für die Zielgruppe inhaltlich interessant aufzubereiten. Wenn es Ihnen nicht gelingt, das Interesse der Zielgruppe zu erzeugen, helfen Ihnen auch keine hin und her rasenden Schriften, blinkenden Kästchen und anderen Gimmicks. Sinnvoll sind Animationen nur dann, wenn es dem Leser dadurch leichter fällt, das Thema zu verstehen. Das ist zum Beispiel der Fall, wenn sich eine komplexe Thematik Schritt für Schritt aufbaut.

PowerPoint richtig einsetzen

- **Nicht als Standard verwenden:** Sofern Sie Inhalte nicht für ein größeres Publikum über einen Beamer zeigen möchten, sollten Sie prüfen, ob sich eine Textverarbeitung nicht besser eignet, um das Thema darzustellen.
- **Textprojektion vermeiden:** Beamerprojektionen eignen sich für die Visualisierung von prägnanten Inhalten, nicht für umfangreiche Texte. Der größte Vorteil einer Beamerprojektion besteht darin, dass die Teilnehmer jederzeit wissen, an welchem Punkt Ihrer Präsentation Sie sich gerade befinden.
- **Vorsicht Gimmick:** Finger weg von hereinfahrenden Wörtern, einschlagenden Buchstabensalven oder blinkenden Grafikelementen. Außerhalb einer Betriebsfeier können solche Animationen im Berufsleben schnell deplatziert und unprofessionell wirken.

4.4 Arbeitstechniken

WORUM GEHT ES?

Bisher haben wir uns mit dem Aufbau und Inhalt eines Dokuments beschäftigt. Im folgenden Abschnitt finden Sie weitere Hinweise, wie Sie den Weg zu einem überzeugenden Dokument möglichst effizient bewältigen.

WAS BRINGT ES?

Wenn Sie die folgenden Hinweise zur Erarbeitung von Dokumenten beachten, können Sie die Qualität Ihrer Arbeit maßgeblich steigern. Dabei benötigen Sie unter Umständen nicht einmal mehr Zeit.

WIE GEHE ICH VOR?

Wenn Sie die folgenden Empfehlungen beachten, wird Ihnen das Verfassen guter Dokumente wesentlich einfacher fallen:

- **Genug Zeit einplanen:** Fast ausnahmslos unterschätzen Autoren den Zeitbedarf zur Erarbeitung eines guten Dokuments. Meist kann dann der Termin nicht verschoben werden und man sieht sich gezwungen, ein Dokument abzuliefern, das „mehr schlecht als recht" ist. Die Konsequenzen können gravierend sein. Planen Sie also ausreichend Zeit für die Erstellung eines Dokuments ein.
- **Pingpong spielen:** Als Autor kann es Ihnen schnell passieren, dass sie den „Wald vor lauter Bäumen nicht mehr sehen". Sie verlieren Ihr Ziel aus den Augen und können die erstellten Inhalte nicht mehr objektiv einschätzen. Beziehen Sie daher Kollegen und eventuell auch Außenste-

hende in den Erstellungsprozess mit ein. Bitten Sie dabei um eine ehrliche kritische Überarbeitung. Wenn möglich, spielen Sie das Dokument wie einen Pingpong-Ball mehrfach hin und her.

- **Testen:** Im Praxistipp auf Seite 17 haben wir empfohlen, die Zielgruppe offen nach deren Vorkenntnissen zu befragen. Genauso spricht in der Regel nichts dagegen, auch das Ergebnis ausgewählten Personen aus der Zielgruppe vorab vorzustellen und Meinungen einzuholen. Das müssen nicht einmal Personen sein, die Ihrem Vorhaben besonders positiv gegenüberstehen. Es kann sogar sinnvoller sein, gerade Kritiker einzubinden, denen so vielleicht der Wind aus den Segeln genommen werden kann.
- **Optimieren:** In der Unternehmenspraxis wird ein Dokument selten nur einmal eingesetzt. Nach jedem Einsatz finden sich Ansätze, ein Dokument zu verbessern. Diese sollten Sie nutzen.

5 Textformate

Textformate dienen dazu, Inhalte übersichtlicher zu gestalten. Hierzu zählen Überschriften, Absätze, Aufzählungen und Textauszeichnungen.

5.1 Die Überschrift

WORUM GEHT ES?

Überschriften bilden den Einstieg in einen Text. Entsprechend sorgfältig und ansprechend sollten Überschriften gestaltet sein. Der Leser soll neugierig werden und Lust bekommen, weiterzulesen.

Auch nach dem Lesen erfüllen Überschriften eine wichtige Funktion. Sie dienen dem Leser zur Orientierung. Liest er die Überschrift, fällt es ihm leichter, sich wieder an Einzelheiten aus dem Text zu erinnern.

In der Unternehmenspraxis sind in Präsentationen sehr häufig viel zu lange Überschriften zu finden. Eine häufige Begründung ist: „Alle Überschriften sind die Zusammenfassung des Dokuments.“ Das klingt im Ansatz verheißungsvoll, lässt sich aber kaum umsetzen. Sehen Sie Überschriften lieber als Appetitmacher, die die Lust auf den Hauptgang verstärken.

Ungeeignete Überschrift

- **Zu lang:** Der Versuch, die Überschrift als Zusammenfassung eines Seiteninhalts zu formulieren, erschwert den Zugang zum Inhalt.
- **Zu hölzern:** Autoren verpassen oft, mit einer ansprechenden Überschrift Neugierde zu wecken.
- **Losgelöst:** Überschrift und Inhalt stehen in unzureichendem Bezug zueinander.

WAS BRINGT ES?

Gute Überschriften leiten den Leser, fördern das Verständnis, die Orientierung und machen neugierig auf den nachfolgenden Inhalt.

WIE GEHE ICH VOR?

Die optimale Überschrift hat folgende Eigenschaften: Sie weckt das Interesse des Lesers, enthält eine klare Aussage, ist kurz, prägnant und ansprechend formuliert. Sie gibt im optimalen Fall einen Hinweis auf die inhaltliche Struktur des Textes. Das sind viele Anforderungen an wenige Worte. Da eine Überschrift diese Funktionen nur schwer erfüllen kann, können Sie zusätzlich eine Kopfzeile oder eine Zwischenüberschrift einsetzen (Bild 9).

Gute Überschrift

- **Kurz:** Formulieren Sie Überschriften möglichst nicht länger als eine Zeile.
- **Kernbotschaft:** Die Überschrift vermittelt die Kernbotschaft des Inhaltsabschnitts.
- **Lebendig:** Formulieren Sie Überschriften ansprechend und aktiv, um beim Leser Interesse zu wecken. Gebrauchen Sie Verben.

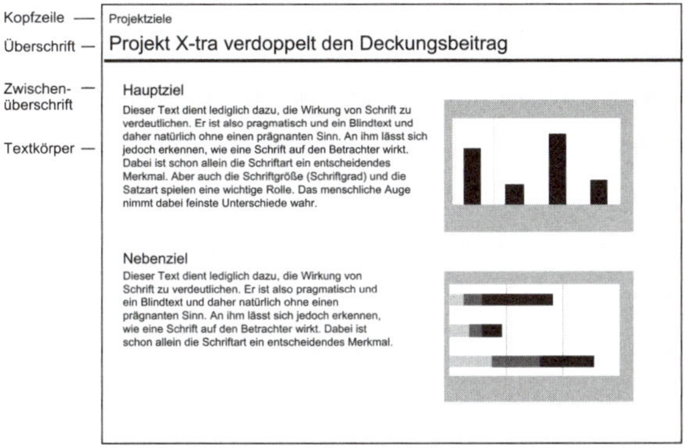

Bild 9: Informationen verteilt auf Überschrift, Kopfzeile und Zwischenüberschriften

- **Ergänzen:** Kopfzeile und Zwischenüberschriften können zur weiteren Orientierung beitragen.

5.2 Absatzformate

WORUM GEHT ES?

Absatzformate beeinflussen das äußerliche Erscheinungsbild eines Textes. Werden ungeeignete Absatzformate verwendet, kann ein Text unruhig wirken und es ist deutlich anstrengender, den Text zu lesen.

WAS BRINGT ES?

Geeignete Absatzformate hingegen tragen dazu bei, einem Dokument eine harmonische und ansprechende Optik zu verleihen.

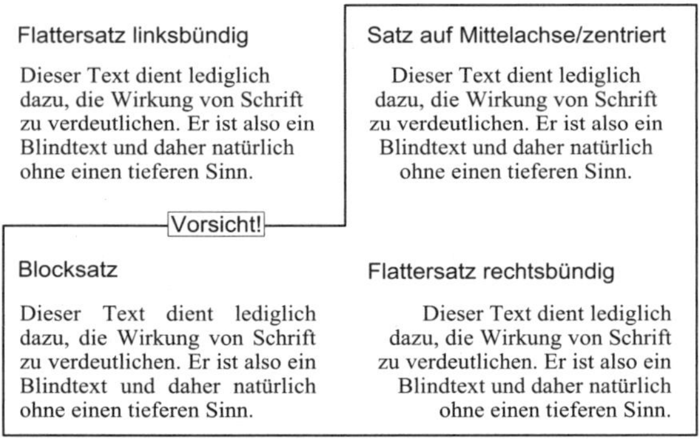

Bild 10: Die wichtigsten Absatzformate

WIE GEHE ICH VOR?

Für Dokumente im beruflichen Umfeld sind vier Absatzformate gebräuchlich (Bild 10).

Davon ist allein der linksbündige Flattersatz recht problemlos einsetzbar. Die anderen Formate können leicht zu störenden Effekten führen. So kann der Blocksatz unschön erscheinen, wenn er unsachgemäß eingesetzt wird. Er neigt dann zu auffällig großen und unregelmäßigen Wortabständen (Bild 11, Mitte). Der rechtsbündige Flattersatz und der zentrierte Absatz sind auf Dauer anstrengend zu lesen. Ein irritierender Eindruck kann entstehen, wenn der oft für besondere Anlässe wie Festschriften oder Todesanzeigen gewählte Satz auf Mittelachse für einen Sachtext eingesetzt wird.

So genannte „Hurenkinder", also Absätze, bei denen in der letzten Zeile nur ein einzelnes Wort oder ein Wortteil steht, stören den Textfluss und sollten vermieden werden.

Schlecht	Besser
Beispiel für eine Überschrift Dieser Text dient lediglich dazu, die Wirkung von Schrift zu verdeutlichen. Er ist also ein Blindtext.	Beispiel für eine Überschrift Dieser Text dient lediglich dazu, die Wirkung von Schrift zu verdeutlichen. Er ist also ein Blindtext.

Bei Überschriften nie Blocksatz verwenden

Dieser Text dient dazu, die Schriftwirkung deutlich zu machen. Er ist also ein Blindtext.	Dieser Text dient lediglich dazu, die Wirkung von Schrift zu verdeutlichen. Er ist also ein Blindtext.

Blocksatz nicht für schmale Absätze einsetzen. Durch die sehr unterschiedlichen Wortabstände entsteht ein unruhiger Eindruck.

• Dieser Text dient lediglich dazu, die Wir- kung • Von Schrift zu verdeutlichen. Er ist also ein Blindtext.	• Dieser Text dient lediglich dazu, die Wirkung • Von Schrift zu verdeutlichen. Er ist also ein Blindtext.

Worttrennungen über die letzte Zeile vermeiden.
Absätze mit Aufzählungen möglichst kompakt gestalten.

Bild 11: Empfehlungen im Umgang mit Absätzen

Vorsicht vor zu vielen Aufzählungspunkten: Viele Präsentationen bestehen nur aus Absätzen mit Aufzählungen. Übermäßige Aufzählungen sind jedoch keine sinnvolle Unterstützung für den Leser. Sie sollten darauf achten, dass vor Aufzählungen stets ein Text gestellt ist, der erläutert, was im Folgenden aufgezählt wird. Halten Sie Aufzählungen kurz. Längere Aufzählungen sollten von einem Schlagwort eingeleitet werden, dem ein erläuternder Text folgt.

Absatzformate

- **Flattersatz als Standard:** Setzen Sie für normalen Fließtext den linksbündigen Flattersatz ein, so sind Sie immer auf der sicheren Seite.
- **Blocksatz:** Blocksatz wirkt elegant, wenn er sorgfältig und mit konsequenter Silbentrennung ausgeführt ist. Das ist bei fehlender automatischer Silbentrennung wie in PowerPoint mühsam. Grundsätzlich ist Blocksatz für Überschriften und schmale Textspalten nicht geeignet.
- **Aufzählungszeichen:** Setzen Sie nicht für jeden Absatz zwangsläufig ein Aufzählungszeichen ein. Eleganter formatieren Sie, wenn Sie Abstände verwenden, um Absätze optisch voneinander abzuheben.

5.3 Hervorhebungen

WORUM GEHT ES?

Hervorhebungen dienen dazu, wichtige Textstellen zu kennzeichnen oder bestimmte Textelemente – zum Beispiel Zitate – auszuweisen.

WAS BRINGT ES?

Gut eingesetzte Hervorhebungen können wesentlich dazu beitragen, dem Leser Orientierung zu bieten. So kann er leicht und direkt dargebotene Informationen einordnen und Wichtiges von weniger Wichtigem unterscheiden.

WIE GEHE ICH VOR?

Die Bilder 12 und 13 zeigen eine Übersicht der wichtigsten Hervorhebungen und deren Anwendung. Zusätzlich sollten Sie folgende Hinweise beachten.

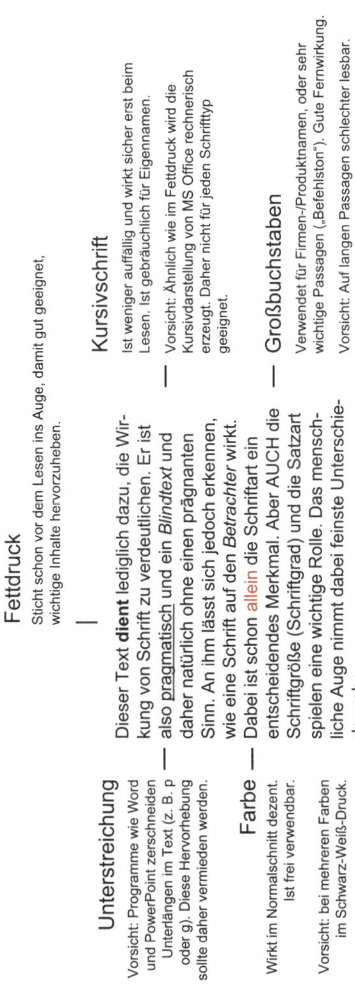

Bild 12: Varianten für Hervorhebungen im Text

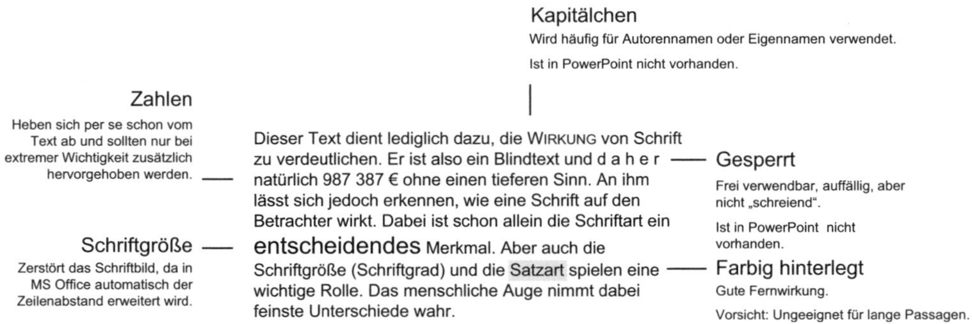

Bild 13: Weitere Hervorhebungen

Hervorhebungen

- **Einfache Schrift:** Es empfiehlt sich, als Basistext eine unauffällige, einfache Schrift wie *Arial*, *Times New Roman* oder *Verdana* zu verwenden. So sind Hervorhebungen leichter einzusetzen.
- **Weniger ist mehr:** Gehen Sie sparsam mit Hervorhebungen um. Vermeiden Sie etwa Hervorhebungen über mehrere Zeilen.
- **Einfach:** Verwenden Sie immer nur eine Art der Kennzeichnung pro Textstelle. Verzichten Sie auf mehrfache Hervorhebungen wie zum Beispiel ***Fettdruck und Kursivschrift***.
- **Konsistent:** Verwenden Sie einen Typ von Hervorhebung im selben Dokument stets für den gleichen Zweck.

6 Tabelle

6.1 Inhalt und Aufbau

WORUM GEHT ES?

Tabellen sind ein effektives Mittel, um aus umfangreichen Daten relevante Informationen gezielt und schnell herauszulesen. Tabellen können die Effizienz Ihrer Darstellungen erheblich steigern – vorausgesetzt, Sie vermeiden folgende Fehler:

Tabellen mit Schwächen

- **Zielgruppen vernachlässigt:** Der spezielle Informationsbedarf der Zielgruppe bleibt unberücksichtigt. Grund: Aus Unachtsamkeit oder um Zeit zu sparen werden Tabellen verwendet, die bereits vorliegen und/oder nicht auf den spezifischen Bedarf einer Zielgruppe angepasst sind.
- **Aufbau ineffizient:** Der Aufbau der Tabelle erlaubt keine effiziente Lesart. Die Sortierung der Elemente ist nicht optimal.
- **Wenig verdichtet:** Es wird keine zusammenfassende Sicht geboten, wie zum Beispiel Summen oder Mittelwerte.
- **Kein Kontext zum Text:** Die inhaltliche Verbindung zwischen Tabelle und Text fehlt. Es wird nicht erläutert, was die Tabelle aussagt.
- **Augenfeindliches Layout:** Die Formatierung der Tabelle erschwert das exakte Lesen der Inhalte. Beispiel:

wenn Zeilen- und Spaltenbeschriftungen optisch nicht von den eigentlichen Werten abgesetzt sind.

WAS BRINGT ES?

Ein durchdachter Aufbau und eine augenfreundliche Formatierung verleihen Ihrem Dokument einen professionellen Gesamteindruck. Informationen lassen sich dann leicht und sicher lesen. Damit werden Tabellen in der Managementkommunikation zu einem unschätzbaren Hilfsmittel.

WIE GEHE ICH VOR?

Tabellen können Sie in wenigen Schritten optimieren:

- **Umfang und Struktur bestimmen:** In Kapitel 2 haben Sie den Informationsbedarf der Zielgruppe analysiert. Diese Überlegungen helfen Ihnen auch bei der Bestimmung von Umfang und Struktur einer Tabelle. Welche Inhalte sind der Zielgruppe bereits bekannt? Was ist neu? Nach welchen Inhalten wird in erster Linie gesucht? Welche Inhalte könnten zusätzlich von Relevanz sein? Wenn Sie diese einfachen Überlegungen konsequent berücksichtigen, können Sie den Inhalt Ihrer Tabellen sehr genau abgrenzen.
- **Leserichtung:** Im nächsten Schritt sollten Sie kurz über die Orientierung der Tabelle nachdenken (Bild 14).

In der Regel sollten Zeitangaben (Jahre/Monate) als Spalten angeordnet werden. Streben Sie darüber hinaus eine Ausrichtung an, in der eine horizontale Leserichtung (von links nach rechts) angelegt ist. Es

DAX 30 (XETRA-HANDEL)										
10.01.	Dividende	Schluss	Tages- Hoch	Tief	Veränd. in %	KGV 2006	Divid.-Rend.	12 Monate Hoch	Tief
Adidas	0,33	37,03	37,08	36,50	+0,13	14,25	0,88	44,00	34,66
Allianz SE Na ◊	2,00	152,39	155,49	152,25	-2,06	10,07	1,31	160,15	109,22
Altana	1,10	47,35	47,78	47,30	-0,65	11,14	2,32	51,65	42,46
BASF ◊	2,00	72,01	72,97	71,28	-1,92	12,03	2,78	74,86	58,10

DAX 30 (XETRA-HANDEL)	Addidas	Allianz SE Na	Altana	BASF
Dividende	0,33	2,00	1,10	2,00
Schluss	37,03	152,39	47,35	72,01
Tageshoch	37,08	155,49	47,78	72,97
Tagestief	36,50	152,25	47,30	71,28
Veränderung in %	+0,13	−2,06	−0,65	−1,92
KGV 2005	14,25	10,07	11,14	12,03
Divid. Rend.	0,88	1,31	2,32	2,78
12 Monate Hoch	44,00	160,15	51,65	74,86
12 Monate Tief	34,66	109,22	42,46	58,10

Bild 14: Gleiche Inhalte, unterschiedlich angeordnet (Tagesspiegel vom 11. Januar 2007)

fällt den meisten Menschen leichter, Werte von links nach rechts auszulesen. Eine wichtige Rolle bei der Wahl der Leserichtung spielen auch der Platzbedarf und der verfügbare Raum im Dokument.

- **Sortierkriterium festlegen:** Die Werte einer Tabelle sollten nach einem leicht zu erfassenden Kriterium sortiert sein. Andernfalls wird das Verständnis für den Leser erschwert (Bild 15).

ADAC Pannenstatistik 2004

Unsere Tabelle zeigt, wie zuverlässig die Autos mit Erstzulassung 1999 bis 2004 im vergangenen Jahr waren. Die Zahlen geben an, wie viele Pannen auf jeweils 1000 Autos des gleichen Typs und Jahrgangs entfielen. Ausgewertet wurden Modellreihen, die mindestens drei Jahre prinzipiell unverändert gebaut wurden und zumindest in einem Jahr 10 000 Neuzulassungen erreichten. Je niedriger der Durchschnitt der Platzziffern in den jeweiligen Jahren ist, umso weiter vorne liegt das Fahrzeugmodell im Gesamtergebnis. Die farbliche Bewertung von Grün (= zuverlässig) bis Rot (= unzuverlässig) ergibt sich aus der Spanne der Pannenzahlen jedes Jahres in der Klasse.

Platz/Modell Erstzulassung:	1999	2000	2001	2002	2003	2004
Kleine Klasse						
1 Audi A2		8,3	6,9	4,9	2,0	1,5
2 BMW Mini			8,0	5,7	2,7	1,2
3 Toyota Yaris/Verso	9,3	10,7	7,6	5,4	4,1	3,4
4 Seat Arosa	21,9	15,2	13,3	4,8	5,5	3,7
5 VW Polo	19,3	18,6	8,1	11,2	4,6	2,6
6 Citroën Saxo	24,1	19,2	11,1	6,8		
7 Honda Jazz				5,0	4,0	5,9
7 VW Lupo	21,1	20,2	13,4	6,4	4,1	3,9
9 Opel Corsa	26,3	18,1	13,4	8,4	4,6	2,4
10 Ford Fiesta	15,3	10,4	10,2	8,5	7,3	5,5
11 Opel Agila		20,5	17,5	10,5	3,0	1,9
12 Ford Ka	22,3	11,0	7,5	6,1	9,8	9,0
13 Fiat Seicento	25,2	22,8	21,4	11,4	3,3	
14 Renault Twingo	39,3	29,6	20,7	8,7	5,0	1,8
15 Nissan Micra	32,0	15,4	12,5	8,0	9,9	13,9
16 Peugeot 106	34,6	22,7	11,9	11,5	6,6	
17 smart city-coupé/cabrio	25,0	28,3	31,5	16,8	6,0	1,4
18 Skoda Fabia		24,0	13,7	9,0	6,5	5,0
19 Seat Ibiza/Cordoba	39,0	26,8	13,2	13,0	5,9	5,0

Platz/Modell
5 Merced
6 Toyota A
7 VW Pas
8 Mitsubi
9 Skoda C
10 Ford Mo
11 Nissan
12 Volvo S
13 Peugeot
14 Opel Ve
15 Citroën
16 Renault
17 Alfa Ror

1 Audi A6
2 Merced
3 Merced
4 BMW 5
5 Volvo S
6 Opel Om

1 Audi Ca
2 BMW 3

Bild 15: Nicht zur Nachahmung empfohlen: eine Tabelle mit unklarer Sortierung (ADAC Pannenstatistik)

Die Information, nach welchem Kriterium eine Tabelle sortiert ist, sollte in der Tabelle enthalten sein und zwar an einer möglichst offensichtlichen Stelle. Ansonsten wird das Verständnis der Inhalte erschwert.

- **Relevante Informationen nach vorn:** Machen Sie es Ihrem Leser so einfach wie möglich, die wichtigsten Informationen schnell zu erfassen. Daher sollten oft benötigte Informationen an prominenter Stelle stehen.

DAX 30 (XETRA-HANDEL)

10.01.	Dividende	Schluss	Tages- Hoch	Tief	Veränd. in %	KGV 2006	Divid.-Rend.	12 Monate Hoch	Tief
Adidas	0,33	**37,03**	37,08	36,50	+0,13	14,25	0,88	44,00	34,66
Allianz SE Na ◊	2,00	**152,39**	155,49	152,25	-2,06	10,07	1,31	160,15	109,22
Altana	1,10	**47,35**	47,78	47,30	-0,65	11,14	2,32	51,65	42,46
BASF ◊	2,00	**72,01**	72,97	71,28	-1,92	12,03	2,78	74,86	58,10
Bayer ◊	0,95	**40,86**	41,15	39,80	+1,64	15,15	2,33	41,56	30,22

Bild 16: Unwichtige Information an prominenter Stelle

So nicht: Bild 16 zeigt den Kurszettel einer Tageszeitung. Wir sehen die Dividende als erste Spalte von links platziert. Diese Information ist jedoch meist zweitrangig. Die Mehrzahl der Leser wird zunächst der aktuelle Kurs interessieren. Die Umstellung bringt zusätzlich den Vorteil, dass die Angaben zur Dividende und Dividendenrendite nebeneinander gestellt werden können. Was für die Struktur des gesamten Dokuments gilt, lässt sich auch auf Tabellen übertragen: Thematisch zusammenhängende Informationen sollten möglichst in einem Abschnitt präsentiert werden. So werden unvorteilhafte Sprünge vermieden.

- **Übersicht und Detail:** Erleichtern Sie dem Leser die Orientierung. Verdichten Sie zu diesem Zweck die Werte einer Tabelle, sodass das Ableiten zentraler Aussagen erleichtert wird. So könnte in unserem Beispiel vor den Einzelwerten der Deutsche Aktienindex Index (DAX) angegeben werden. Der Leser könnte so leichter, Einzelwerte gegenüber dem Gesamtmarkt bewerten. Es gibt weitere Verfahren, die Werte einer Tabelle zu komprimieren: Durchschnittswerte, Maximal- beziehungsweise Minimalwerte ausweisen oder die Werte in Gruppen zusammenfassen. Ein Beispiel für eine Gruppenbildung wäre, Informationen einzelner Staaten zu einem Wert für den jeweiligen Kontinent zusammenzufassen.

- **Einbindung in den Begleittext:** Sehr häufig werden Tabellen ohne Erläuterungen, teilweise sogar ohne Überschriften geliefert. Dann ist es mühsam zu verstehen, um was es in der Tabelle geht. In der Regel sollten Sie eine Tabelle mit Überschrift präsentieren. Achten Sie darauf, dass die in der Tabelle verwendeten Begriffe sowie die Bezeichnungen von Spalten und Zeilen exakt die gleichen sind, wie die, die im begleitenden Text verwendet werden.
- **Metainformationen:** Vergessen Sie nicht, Begleitinformationen zur Tabelle anzuführen: Datenquelle, Erhebungszeitpunkt, Randbedingungen, Definitionen etc. Fehlen solche Metainformationen, können Inhalte nicht oder nur aufwendig vom Leser verifiziert werden.

Tabellen optimieren

- **Inhalt und Umfang anpassen:** Ist die Tabelle auf den Informationsbedarf der Zielgruppe zugeschnitten?
- **Sinnvoll arrangieren:** Sind die Spalten und Zeilen der Tabelle entsprechend der Relevanz sortiert? Sind die wichtigsten Inhalte an prominenter Stelle platziert?
- **Inhalte zusammenfassen:** Bieten Sie dem Leser eine zusammenfassende Übersicht über die Werte (Durchschnitt, Summe, Minimal- beziehungsweise Maximalwerte)?
- **In das Dokument einbinden:** Geben Sie der Tabelle

eine Überschrift. Falls erforderlich, erklären Sie Aufbau und Lesart der Tabelle.

- **Metainformationen aufführen:** Werden die notwendigen Kontextinformationen zu den Werten geliefert wie Datenquelle, Erhebungsdatum, Definitionen, Randbedingungen und so weiter?

6.2 Tabellen gestalten

WORUM GEHT ES?

Eine sorgsam angelegte Tabelle ist noch keine Garantie dafür, dass Werte schnell und richtig ausgelesen werden können. Auch die Optik einer Tabelle entscheidet darüber, wie sicher der Leser auf Tabelleninhalte zugreifen kann.

WAS BRINGT ES?

Eine gut gestaltete Tabelle erleichtert das Auslesen von Informationen und somit auch das Verständnis der Inhalte. Der Leser kann so Informationen schneller, effektiver und sicherer finden.

WIE GEHE ICH VOR?

Leider weisen die üblichen Programme wie Word und Excel in ihren Standardeinstellungen keine optimale grafische Gestaltung für Tabellen auf, wie das in Bild 17 dargestellte Beispiel zeigt.

Diese Tabelle weist eine Reihe von Nachteilen auf. So sind die Zeilen- und Spaltenbeschriftungen optisch nicht von den Tabellenwerten abgesetzt. Dem Auge wird auf den ersten Blick keine Orientierung geboten.

Auf die Verwendung senkrechter Trennlinien kann häufig verzichtet werden. Zudem unterbrechen

Keine optische Unterscheidung zwischen Beschriftung und den Werten.

Umsatzentwicklung (tausend €)

	2002	2003	2004
Nord	1204	1118	1287
Süd	967	998	1002
West	2045	2103	2113
Ost	2143	2873	3827

Zahlen ohne Tausender-Trennung.

„Unschöner Gefängnisstil". Vertikale Trennlinien engen die Erscheinung ein und sind oft überflüssig.

Zentrierte Ausrichtung. Die Werte lassen sich schwerer ablesen.

Bild 17: Tabelle in einer nicht optimalen Standardformatierung

diese „Gefängnisgitterstäbe" die bereits erwähnte horizontale Leserichtung von links nach rechts.
Bild 18 zeigt die Darstellung aus Bild 17 in einem überarbeiteten Layout.

Tabellen überzeugend gestalten

- **Weniger ist mehr:** Dies gilt auch für Tabellen. In der Regel können Sie auf senkrechte Trennlinien verzichten. Waagrechte Linien dünn oder möglichst in Grautönen ausführen. Statt durch Linien können die Zeilen der Tabelle auch durch leichte Schattierungen abgegrenzt werden. Diese können jedoch Probleme bei Kopien und im Schwarz-Weiß-Druck erzeugen.
- **Spalten und Zeilenbeschriftungen von Werten absetzen:** Verwenden Sie eine dezente Formatierung, um

Umsatzentwicklung Stand Aug. 2006

In tausend	2004	2005	2006*
Nord	1.204 €	1.118 €	1.287 €
Süd	967 €	998 €	1.002 €
West	2.045 €	2.103 €	2.113 €
Ost	2.143 €	2.873 €	3.827 €

* Prognose basierend auf Halbjahreszahlen

Bild 18: Tabelle im überarbeiteten Layout

die Kopfzeile und die Kopfspalte der Tabelle von den eigentlichen Werten abzusetzen.

- **Ausrichtung:** Innerhalb einer Tabelle sollten Zahlen möglichst rechtsbündig ausgerichtet sein. In Zellen mit längeren Texteinträgen sollte linksbündiger Flattersatz verwendet werden. Vermeiden Sie zentrierte Absatzformate für längere Texteinträge.
- **Wichtiges durch Formatierung hervorheben:** Besonders wichtige Informationen können durch eine dezente Formatierung hervorgehoben werden. Ein Beispiel sind Fußballtabellen, in denen Aufstiegs- und Abstiegsplätze in unterschiedlichen Farben hinterlegt sind.

7 Zahlen als Bild

WORUM GEHT ES?

Nicht jedes Bild sagt mehr als tausend Worte. Ein gutes Bild kann jedoch schneller erfasst werden als ein Text. Das liegt daran, dass wir Texte Wort für Wort und damit sequenziell lesen. Bilder hingegen können wir sofort als Ganzes wahrnehmen, was eine sehr viel schnellere Verarbeitung der Information ermöglicht. Daher sollten Tabellen, die mehr als neun Zahlen enthalten, zusätzlich auch als Diagramm dargestellt werden.

WAS BRINGT ES?

Wenn Sie die Zahlenkolonnen aus Tabellen als Diagramme bereitstellen, fällt es dem Leser leichter, Schlüsse daraus zu ziehen. So können Veränderungen und Trends wesentlich leichter erkannt werden. Zusätzlich lockern grafische Darstellungen das Gesamtbild auf und geben dem Dokument einen professionellen Charakter.

WIE GEHE ICH VOR?

Zunächst gilt es zu bestimmen, welches Diagramm für Ihre Zwecke geeignet ist. Dann kommt es auf eine exakte Ausführung der Darstellung an. Im dritten Schritt integrieren Sie Ihre Darstellung in das Dokument.

7.1 Das passende Diagramm wählen

Gehen Sie in den folgenden drei Schritten vor. Wählen Sie zunächst einen Diagrammgrundtyp aus, der für Ihre Zwecke geeignet ist (A). Entscheiden Sie sich dann zwischen der Darstellung einer Datenreihe oder mehrerer Datenreihen (B). Zum Schluss bleibt die Wahl zwischen absoluter oder prozentualer Darstellung (C).

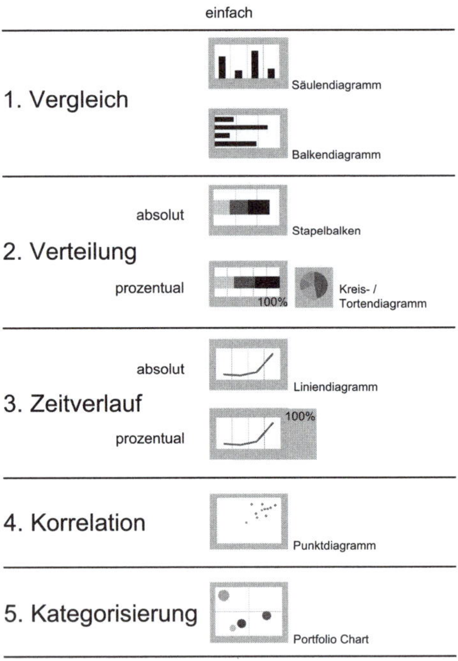

Bild 19: Diagrammtypen

A Einen von fünf Grundtypen: Es existieren lediglich fünf Grundtypen von Diagrammen. Diese sind in Bild 19 schematisch dargestellt: 1. Vergleich, 2. Verteilung, 3. Entwicklung im Zeitablauf, 4. Korrelation und 5. Kategorisierung. Damit decken Sie 90% aller Möglichkeiten zur Darstellung von Zahlen ab, die im beruflichen Umfeld relevant sind.

B Eine oder mehrere Datenreihen? Einige

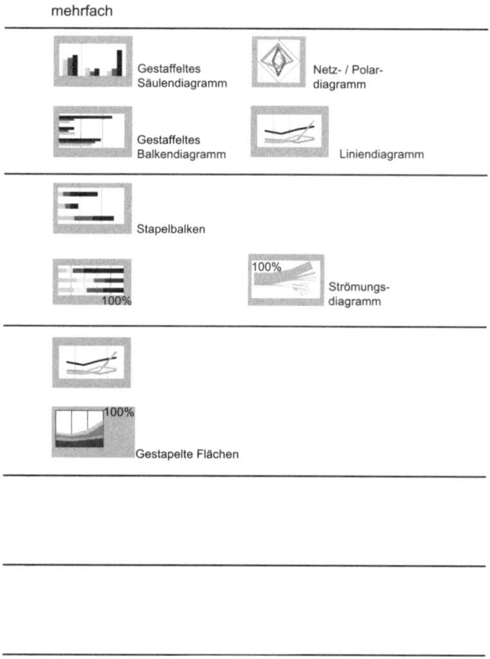

Bild 19: Diagrammtypen *(Fortsetzung)*

Grundtypen erlauben die Darstellung mehrerer Datenreihen in einem Diagramm. Beispiel: Umsatzentwicklung für ähnliche Produkte. Hier lässt sich jeweils ein Diagramm für jedes Produkt oder eben ein Diagramm, das alle Produkte gleichzeitig zeigt, verwenden. Die Darstellung in einem Diagramm spart dabei Platz und verbessert die Vergleichbarkeit zwischen den Datenreihen.

C Absolute oder prozentuale Darstellung? Einige Diagramme können nur absolute Werte darstellen, andere auch Prozentwerte. Entscheiden Sie, was für Ihre Aussage zweckmäßig ist.

Leider wird die Auswahl eines geeigneten Diagrammtyps durch die gängigen Softwareprogramme eher erschwert. Einige der dort angebotenen Diagrammtypen verleiten zum Überfrachten der Darstellung.

Vermeiden Sie den Einsatz von Diagrammtypen wie Bild 20. Die dreidimensionale Form erschwert die Interpretation der Grafik und bietet keinerlei Informationsgewinn.

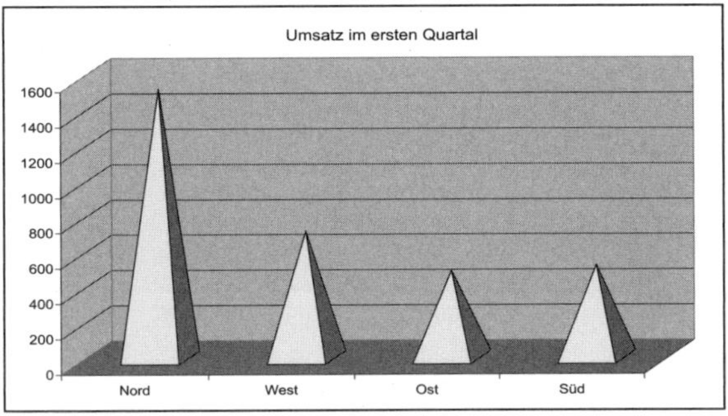

Bild 20: Unübersichtliche Darstellung

7.2 Doppelte Skalierung vermeiden

Häufig sind in einem Vergleich wichtige Kernaussagen enthalten. Zum Beispiel: „Waren wir besser als der Gesamtmarkt?“

Bei dieser Fragestellung wird der Gesamtmarkt natürlich einen sehr viel höheren Umsatz aufweisen als das betrachtete Unternehmen, womit die Darstellung in einem Diagramm schwierig wird. In solchen Fällen wird gerne eine doppelte Skalierung verwendet (Bild 21).

Doch Vorsicht - eine doppelte Skalierung kann sehr schnell verwirren. Bei jedem Ablesen steht der Leser vor der Schwierigkeit, herauszufinden, zu welcher Skala ein bestimmter Eintrag gehört. Auch dann, wenn sich der Leser länger mit der Darstellung beschäftigt hat, ist eine Fehlinterpretation immer noch leicht möglich.

Als Lösung bietet sich an, zwei Abbildungen zu verwenden, wie in Bild 22 dargestellt.

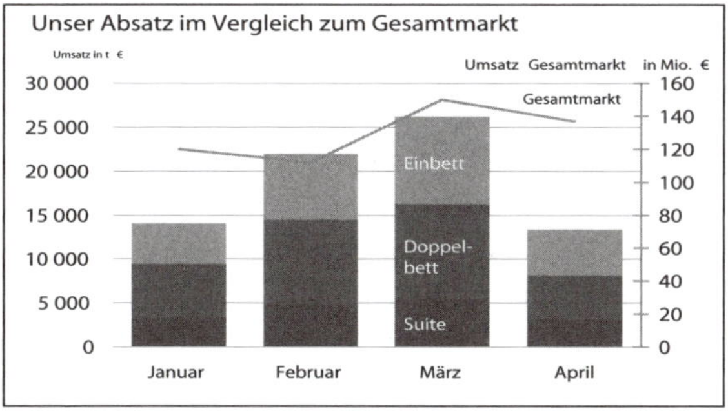

Bild 21: Doppelte Skalierungen sind problematisch

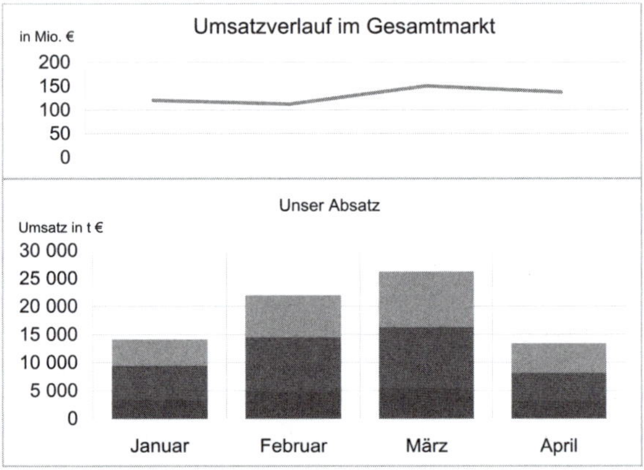

Bild 22: Die Darstellung des Vergleichs in zwei Diagrammen schafft Klarheit

Diagramm vollständig?

- **Einheit:** Sind die dargestellten Werte mit der entsprechenden Einheit benannt?
- **Titel:** Ist der Titel eine Interpretation und liefert er die Kernaussage der Grafik?
- **Definition:** Sind die Werte möglichst eindeutig definiert?
- **Quelle:** Ist die Quelle der Werte angegeben?
- **Einschränkungen:** Einschränkungen in der Datenbasis gibt es fast immer. Wurden diese auch angegeben?
- **Legende:** Ist eine Legende vorhanden und ist sie eindeutig? Besser als eine Legende ist eine erklärende Bezeichnung direkt am entsprechenden grafischen Element. Das erspart dem Leser aufwendige Zuordnungen.

Standardformate unter Microsoft Office

Die Standardeinstellungen der Programme Excel und PowerPoint liefern bei Diagrammen eine ungeeignete Formatierung (Bild 23).

Es lohnt sich, Zeit für die Überarbeitung der Formatierung zu investieren. Die Standardvorlage hat Eigenschaften, die das Lesen der Grafik wesentlich erschweren.

So sind die grafischen Linien recht dünn ausgeführt und sollten bis zur maximalen Größe verstärkt werden. Auch die Linienfarben sollten nicht übernommen werden.

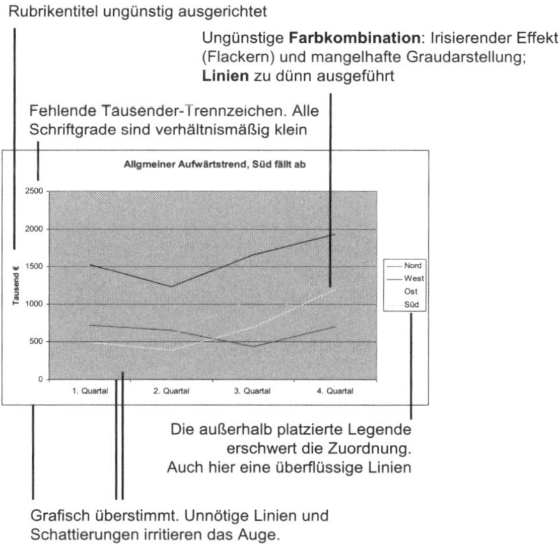

Bild 23: Standardformatierung unter MS Office 2003

Formatvorlage: Sie können sich die Arbeit erleichtern, indem Sie eine eigene, optimierte Formatvorlage erstellen (Bild 24). Hierzu wählen Sie zum Beispiel in Excel den Befehl: *Funktion*

Diagramm/Diagrammtyp/Benutzerdefinierte Typen und aktivieren unten links den Punkt *Auswählen aus Benutzerdefiniert*. Hier können Sie Ihre selbst erstellten Formate speichern und wieder aufrufen.

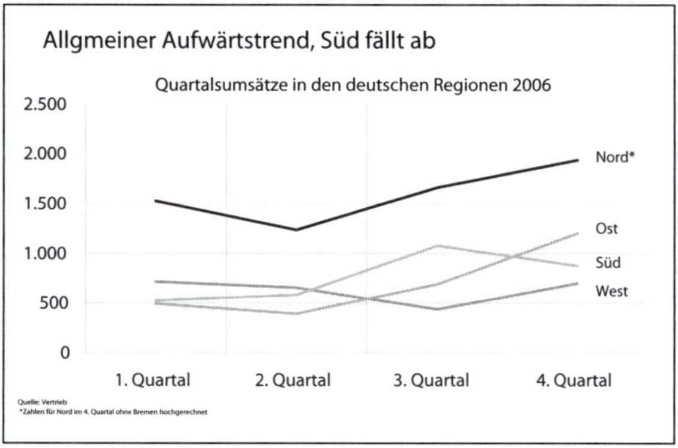

Bild 24: Optimiertes Layout

8 Qualitative Darstellungen

WORUM GEHT ES?

Im letzten Abschnitt ging es um die Darstellung von Zahlenreihen. Im folgenden Abschnitt geht es um die Darstellung struktureller Zusammenhänge. Solche Grafiken werden im beruflichen Umfeld sehr häufig eingesetzt. Daher hat sich für die folgenden Typen eine gewisse Standardisierung durchgesetzt. Darin liegt der Unterschied zur frei aufgebauten Infografik, die in Kapitel 9 behandelt wird.

WAS BRINGT ES?

Auch diese Grafiken erhöhen die Informationsdichte einer Darstellung. Im Vergleich zu einem Fließtext kann der Leser die Information leichter aufnehmen.

WIE GEHE ICH VOR?

Auf den folgenden Seiten stellen wir Ihnen wichtige Typen für qualitative Abbildungen vor und gehen auf Besonderheiten bei der Anwendung ein.

8.1 Balkenplan

Der Balkenplan, nach seinem Erfinder auch „Ganttdiagramm" genannt, wird zur Darstellung von Maßnahmen in ihrer zeitlichen Abfolge verwendet (Bild 25). Sie werden daher häufig in der Projektarbeit eingesetzt. Nach Möglichkeit wird jeder Aufgabe ein überprüfbares Ergebnis zugeordnet, die

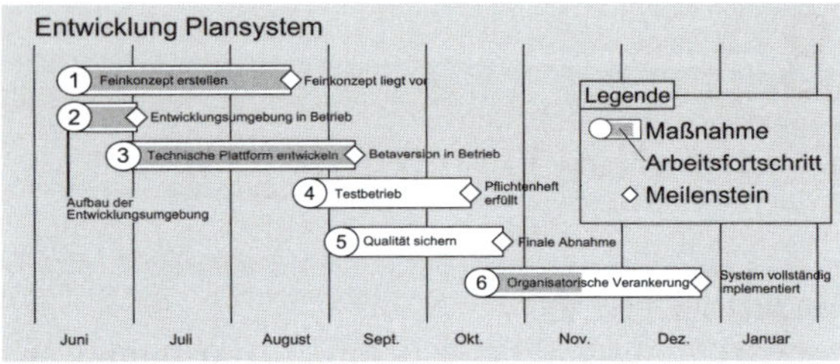

Bild 25: Balkenplan

sogenannten *Meilensteine*. So ist zum Beispiel in der Produktentwicklung ein bestandener Test ein wichtiger Meilenstein.

Für Balkenpläne gibt es eigene Software wie *Microsoft Project*. Doch auch in PowerPoint lassen sich Balkenpläne mit vertretbarem Aufwand erstellen.

Balkenpläne

- **Nummerierung:** Eine Nummerierung der Maßnahmen erleichtert die Kommunikation über die Inhalte.
- **Übersichtlich:** Versuchen Sie die Darstellung übersichtlich zu halten. Bei mehr als zwölf Aufgaben sollten Sie erwägen, Aufgaben zu einer übergeordneten Aufgabe zusammenzufassen. Widerstehen Sie dem Drang, zu viele Informationen in die Darstellung zu packen. Geben Sie in diesem Fall weitere Informationen (Kosten, Zuständigkeiten und so weiter) getrennt, zum Beispiel als Tabelle, wieder.
- **Kurze Bezeichnungen:** Versuchen Sie die Benennungen für Aufgaben und Meilensteine möglichst kurz zu halten.
- **Legende:** Ist eine Legende vorhanden? Ist sie eindeutig?

8.2 Baumdiagramm

Baumdiagramme sind ein besonders gut geeignetes Mittel, um hierarchische Strukturen darzustellen. Werden so die Hierarchien in einem Unternehmen abgebildet, spricht man auch von einem Organigramm.

Die meisten Autoren entscheiden sich für die horizontale Ausrichtung eines Baumdiagramms (Bild 26). Die Erstellung ist allerdings schwieriger, vor allem, wenn sie manuell – zum Beispiel in PowerPoint – erfolgt. Auch die Darstellung in mehreren Ebenen ist schwierig. Daher wird häufig eine Kombination mit einer vertikalen Ausrichtung gewählt.

Die vertikale Ausrichtung (Bild 27) ist besser geeignet, um Gliederungen über mehrere Ebenen darzustellen. Auch längere Namen können so problemlos dargestellt werden. Die vertikale Ausrichtung

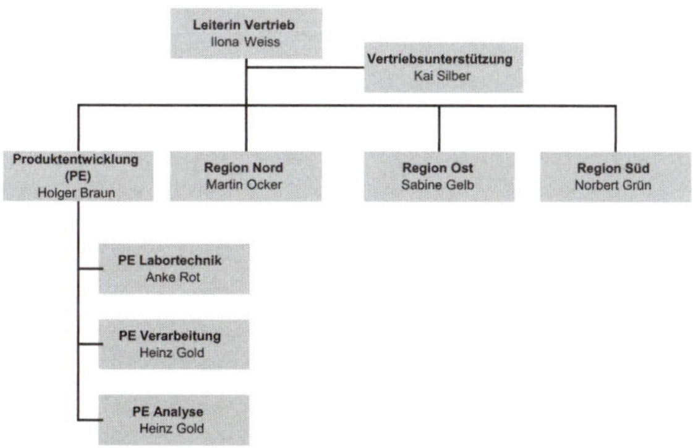

Bild 26: Baumdiagramm in überwiegend horizontaler Ausrichtung

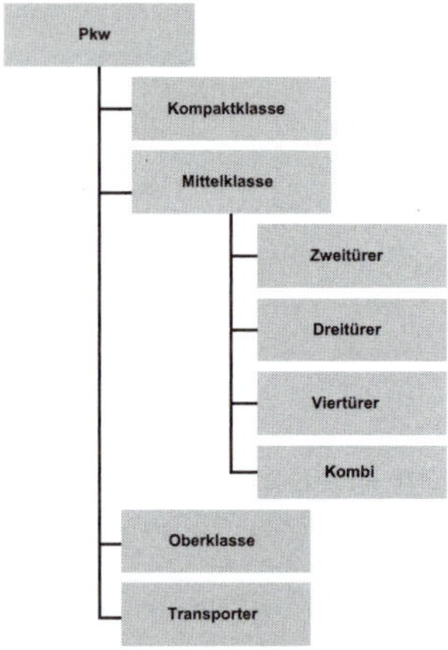

Bild 27: Baumdiagramm mit vertikaler Ausrichtung

ist in elektronischen Medien weit verbreitet und eignet sich auch sehr gut für papierbasierte Darstellungen.

Baumdiagramm

- **Übersichtlich:** Wenn Sie ein Baumdiagramm in PowerPoint zeichnen, kann sehr schnell der Platz einer Seite gefüllt sein. Achten Sie darauf, in diesem Fall die Darstellung nicht zu überfrachten. Nutzen Sie stattdessen das „Zoom-in"-Prinzip, indem Sie eine Übersichtsgrafik erstellen, der Sie dann in Ausschnitten mehrere Detaildarstellungen folgen lassen.
- **Vertikal:** Die vertikale Ausrichtung eines Baumdiagramms ist manuell leichter zu erstellen.
- **Einheitliche Größe:** Ihre Darstellung wirkt harmonischer, wenn Sie für alle Kästchen die gleiche Größe

verwenden. Am besten beginnen Sie hierzu mit dem Kästchen, das die längste Bezeichnung trägt.

- **Ausrichtung:** Die Kästchen möglichst in einer Flucht anordnen und dazwischen auf gleiche Abstände achten.

8.3 Ursache-Wirkungs-Diagramm

Das Ursache-Wirkungs-Diagramm (Bild 28) hilft dabei, von einem Problem auf seine Ursachen zu schließen. Das Ziel dabei ist, brauchbare Lösungsansätze zu identifizieren. Diese Darstellungsform ist auch für die Analyse von Problemursachen durch ein Team geeignet. Das Diagramm ist in der Form von Fischgräten aufgebaut und wird daher im Englischen auch als „Fishbone Diagram" bezeichnet. Es handelt sich bei diesen Diagrammen um eine Sonderform der Baumdiagramme, die einen weitaus intuitiveren Umgang erlaubt.

Die Inhalte der Darstellung können individuell oder in kleinen Teams erarbeitet werden.

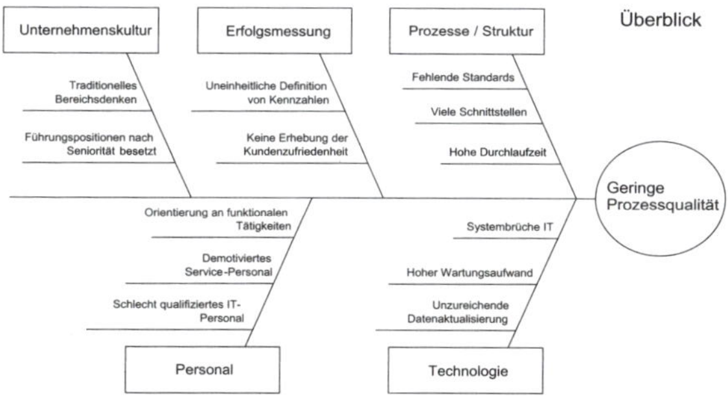

Bild 28: Beispiel für ein Ursache-Wirkungs-Diagramm

Nicht nur an der Oberfläche kratzen

Im Umgang mit Ursache-Wirkungs-Diagrammen neigen wenig Geübte dazu, es bei einer Überblicksdarstellung wie in Bild 28 zu belassen. Auf dieser generischen Ebene lassen sich in der Regel jedoch nur schwer praktische Lösungsansätze beschreiben, um das Problem zu beheben.

Daher ist es ratsam, die „Gräten" möglichst weit zu verzweigen, um die Ursachen für ein Problem konkret zu erfassen.

Da hierbei schnell die Übersicht verloren gehen kann, sollten Sie Detaildarstellungen der einzelnen Zweige verwenden (Bild 29).

Ursache-Wirkungs-Diagramm erstellen

- **Mit dem „Kopf" beginnen:** Der Aufbau eines Ursache-Wirkungs-Diagramms erinnert an die Gräten eines Fisches. Beginnen Sie mit dem „Kopf" des Fisches, indem Sie für Ihr Problem das Hauptsymptom identifizieren und in den Kreis eintragen.

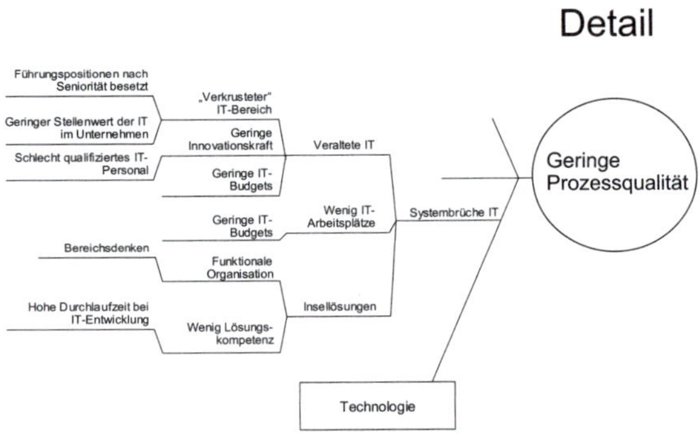

Bild 29: Herausziehen von Details bewahrt die Übersicht

- **Immer nur ein Symptom:** Sie sollten das Hauptsymptom so spezifisch wie möglich definieren. Sofern es Ihnen schwerfällt, die Problematik auf genau ein Symptom zu reduzieren, verwenden Sie jeweils eine separate Darstellung je Symptom.
- **Hauptgräten**. Im nächsten Schritt identifizieren Sie die Hauptgräten. Zum Beispiel: Personal, IT, Material, Prozesse oder Strukturen. Es können sich aber auch andere Kategorien eignen.
- **Warum-Frage**. Sie suchen in jeder Hauptgräte nun nach Gründen für das am Kopf eingetragene Symptom. Fragen Sie dabei immer wieder nach dem Warum. So gelingt es Ihnen, Ursachen immer detaillierter zu erfassen.

8.4 Prozessdarstellung

In jedem Unternehmen erfolgen Leistungserstellungen in Prozessen. Prozessdarstellungen werden eingesetzt, um höhere Transparenz darüber zu schaffen, wie eine Leistung erstellt wird. Diese Darstellungen erleichtern damit das Verständnis und die Kommunikation über Prozesse.

Zur Darstellung von Prozessen haben sich zwei Formen durchgesetzt. Das *Flussdiagramm* (Bild 30) und der *geblockte Text* (Bild 31). Letztere wird nach ihrem Erfinder auch *Nassi-Sheidermann*-Darstellung genannt.

Flussdiagramm

Diese Darstellung ist auch für Nichtexperten nachvollziehbar. Sie hat den Vorteil, dass Schnittstellen im Prozess (etwa zwischen zwei Abteilungen) leicht

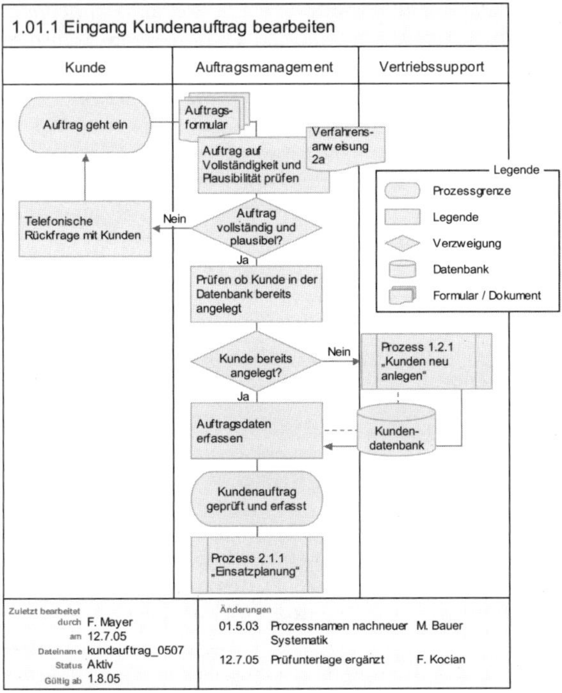

Bild 30: Flussdiagramm

zu sehen sind: immer dann, wenn eine Spalte überschritten wird. Die Darstellung beansprucht allerdings sehr viel Platz, was die Verwendung von PowerPoint wenig praktikabel macht. Es gibt für diesen Zweck Prozessmanagementsoftware, die solche Darstellungen automatisch generiert (zum Beispiel Produkte wie Aris oder IBO Prometheus). Aber auch unter Verwendung leistungsfähiger Software benötigt man immer noch sehr viel Platz. Oft sind auch die Formatierungen nicht optimal. Daneben existieren Tools für die manuelle Gestaltung, „größere Zeichenbretter“, die einfacher in der Anwendung sind und mehr Freiheitsgrade zur Formatierung bieten (zum Beispiel Produkte wie Visio und FlowCharter). Die Erstellung kann allerdings sehr zeitintensiv werden. Die Darstellung von Flussdiagrammen ist in der ISO 6600 und der ISO 5807 genormt.

Geblockter Text

Geblockter Text hat gegenüber dem Flussdiagramm den Vorteil, dass er nicht so viel Platz benötigt wie ein Flussdiagramm. Nachteilig wirkt sich aus, dass diese Darstellung ohne spezielle Software kaum sinnvoll erstellt werden kann. Sie eignet sich weniger für Laien, da der Ablauf nicht so intuitiv erfasst werden kann. Schnittstellen im Prozess, die häufig Probleme aufwerfen, lassen sich schwerer identifizieren.

Prozessdarstellungen

- **Modularer Aufbau:** Je nach Detaillierungsgrad können schon recht einfache Prozesse einen erheblichen Umfang annehmen. Es ist daher ratsam, Prozessdarstellungen modular aufzubauen. Der Gesamtablauf wird dabei in einer Übersichtsdarstellung verdeutlicht, die auf weiterführende Detailabläufe verweist. Dieses Prinzip ähnelt dem der Fischgräten-Diagramme.
- **Zielgruppe beachten:** Auch bei Prozessdarstellungen sollten Sie stets die Zielgruppe im Auge behalten. Sol-

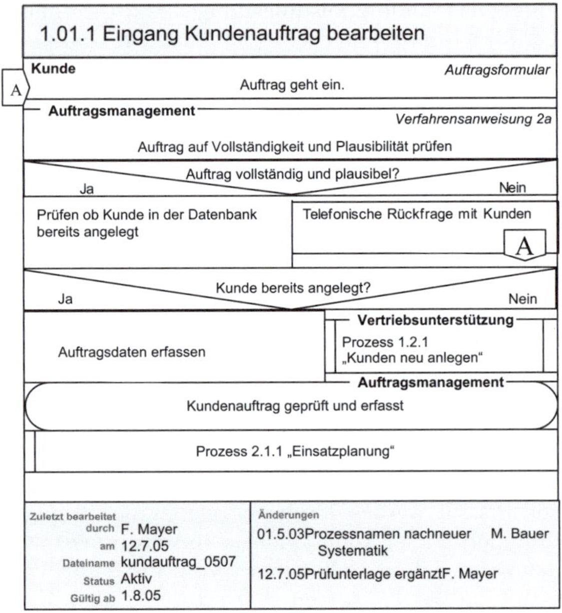

Bild 31: Prozessdarstellung als geblockter Text

che Darstellungen sind nicht in jedem Fall zielführend. Sie können auch als unübersichtlich empfunden werden.

Wenn Sie das Gefühl haben, eine detaillierte Prozessdarstellung ist für ihre Zielgruppe nicht angemessen, sollten Sie eine vereinfachte Form erwägen, beispielsweise die Infografik, die wir im folgenden Abschnitt erläutern.

9 Infografik

WORUM GEHT ES?

Die Grafiktypen, die bisher vorgestellt wurden, sind in ihrem Aufbau mehr oder weniger festen Regeln unterworfen. In diesem Abschnitt werden Grafiken behandelt, die beliebig und auf kreative Weise aufgebaut werden können: Infografiken (Bild 32).

Doch Vorsicht: auch wenn es keine Vorgaben gibt, können beim Erstellen einer Infografik viele Fehler gemacht werden. Da es keine Konventionen gibt,

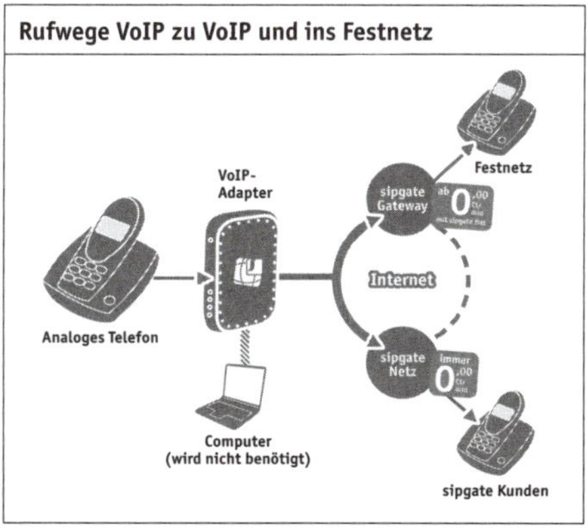

Bild 32: Beispiel einer Infografik
Sipgate (http://www.sipgate.de/img/press/infografik_rufwege.pdf)

muss sich der Leser selbstständig in die Grafik einlesen. In der Unternehmenspraxis zeigt sich oft, dass viele Autoren von Infografiken mit dieser Gestaltungsfreiheit nicht zurechtkommen. Die Problematik ist ähnlich wie bei den Präsentationen. Es kommt zum übermäßigen Einsatz von Bild-, Form- und Stilelementen. Häufig fehlen auch Texte, die den Inhalt beschreiben. Am Ende steht eine Grafik, die alles andere als selbsterklärend ist. Der Leser kann dann nur vermuten, was der Autor mitteilen wollte.

Infografik mit Schwächen

- **Ungeeignetes visuelles Konzept:** Bei vielen Grafiken ist die Kernaussage bildlich unzureichend umgesetzt. Dem Betrachter fällt es schwer, die Grafik zu verstehen.
- **Zu komplex:** Infografiken, die mit Formen und Farben überladen sind. Es entsteht eine optische Überforderung, die dazu führt, dass die Kernaussagen der Grafik kaum nachvollziehbar sind.
- **Ohne Zuordnung:** Symbole und Elemente der Grafik sind nicht ausreichend erläutert. Eine Legende fehlt oder ist mangelhaft. Das erhöht den Aufwand beim Lesen und die Gefahr von Ablesefehlern.
- **Ohne Bezug:** Es fehlt eine textliche Erläuterung oder Grafik und Erläuterung passen nicht zueinander. Der Betrachter ist dann mit der Interpretation auf sich gestellt.
- **Unsaubere Ausführung:** Sehr häufig sind Infografiken zu sehen, die zeichnerisch nicht exakt ausgeführt wurden. Da überschneiden sich Linien an Ecken, Elemente sind nicht ausgerichtet und so weiter. Solche Mängel führen dazu, dass ein unprofessioneller Gesamteindruck entsteht.

WAS BRINGT ES?

Ein Leser erkennt auf den ersten Blick, ob eine Infografik gut gestaltet ist oder nicht. Insofern sind Infografiken ein auffälliges Aushängeschild des Autors. Eine Infografik, die auf Anhieb ihre unsachgemäße Gestaltung verrät, verringert das Interesse des Lesers auch an anderen Inhalten.

Eine gute Infografik macht einen Sachverhalt im wörtlichen Sinn anschaulich. Eine solche Darstellung ist geeignet als Blickfang, der einem Dokument einen professionellen Eindruck verleiht und eine eigene Überzeugungskraft ausstrahlt.

WIE GEHE ICH VOR?

Entwickeln Sie zunächst ein geeignetes visuelles Konzept. In einem zweiten Schritt gestalten Sie die Ausführung möglichst einfach, um dadurch der Grafik einen professionellen Eindruck zu verleihen.

9.1 Kernaussagen und visuelles Konzept

Kernaussagen und visuelles Konzept bilden das Fundament einer Infografik. Anders als bei den bisher behandelten Grafiktypen stehen Sie als Verfasser einer Infografik zunächst vor der Aufgabe, abzugrenzen, *was* Sie darstellen und *wie* Sie dieses grafisch umsetzen möchten.

Ein geeignetes visuelles Konzept ist zugleich der Schlüssel zum intuitiven Verständnis der abgebildeten Inhalte durch den Betrachter.

Kernaussagen bestimmen

Bevor Sie anfangen, den ersten Strich zu zeichnen, sollten Sie sich überlegen, was Sie eigentlich darstellen möchten. Hierzu ist es hilfreich, die Kernaussagen, die abgebildet werden sollen, schriftlich zu notieren.

Der Titel als erster Ansatz

Der Titel der Infografik stellt die übergeordnete Kernaussage dar. Wenn Sie hierzu bereits Ideen haben, können Sie darauf aufbauen. In Bild 32 lautet der Titel „Rufwege VoIP zu VoIP und ins Festnetz“ (VoIP steht für „Voice over IP“, der Telefonie über das Internet). Die übergeordnete Kernaussage des Titels kann in detaillierte Teilaussagen aufgespalten werden. So entspricht jeder einzelne dort dargestellte Weg der Telefonie einer untergeordneten Aussage.

Grundformen für visuelle Konzepte

Auch wenn Infografiken eine theoretisch grenzenlose Vielfalt an Darstellungsmöglichkeiten bieten, geht es in Infografiken fast immer um zweierlei: Strukturen und/oder Prozesse. Strukturen können zum Beispiel die Teile eines technischen Systems oder eines Unternehmens sein. Prozesse sind alle Arten von Abläufen. Darüber hinaus gibt es Infografiken, welche die Darstellung einer Struktur mit der Darstellung von Abläufen verbinden. Eine solche Kombination liegt in Bild 32 vor.

Da die Aufgabe, Strukturen oder Prozesse abzubilden, alltäglich auftritt, haben sich hierzu bestimmte Grundformen herausgebildet, die in Bild 33 dargestellt werden. Damit können Sie ein visuelles Konzept quasi „von der Stange“ übernehmen.

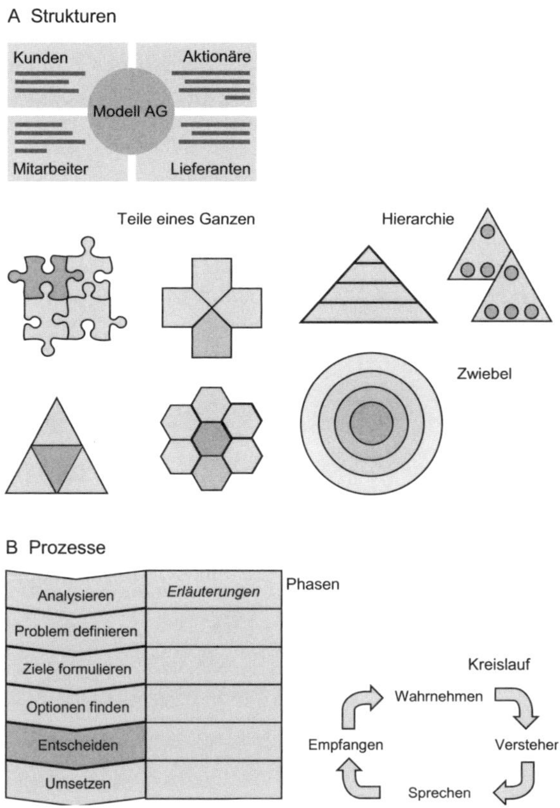

Bild 33: Grundformen häufig eingesetzter visueller Konzepte

Den praktischen Umgang mit visuellen Konzepten erläutert das folgende Beispiel. In Bild 34 sehen Sie eine Grafik, an der anscheinend etwas Grundlegendes nicht stimmt. Auch der Blick auf den Titel kann die Verwirrung des Betrachters nicht beseitigen.

Aus dem Titel kann man schließen, dass der Verfasser eine Kernaussage hatte, die „Virtual Communities bündeln Marktwissen" lauten sollte. Allerdings ist diese Kernaussage visuell wenig erfolgreich umgesetzt. Eine solche aussageschwache Darstellung verwirrt mehr, als dass sie erläutert.

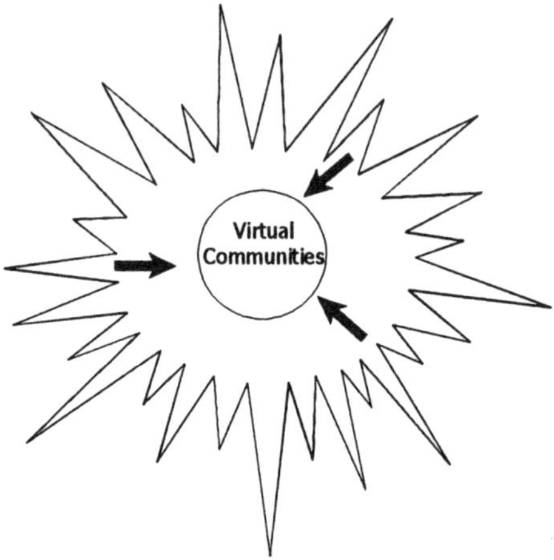

Bild 34: Infografik mit unzureichendem visuellem Konzept (Stephan Magnus, E-Engineering, Die neuen digitalen Strategien der Unternehmen, Gabler Verlag, 1. Aufl., Sept. 2000, Abb. auf S. 143, Abb. 24, Bündelung des Marktwissens durch virtuelle Communities)

Bild 35: Optische Linse als visuelles Konzept für eine Kernaussage

Wie kann der Aufbau der Grafik verbessert werden? Hierzu können wir zunächst die Überschrift heranziehen. Wie kann man eine „Bündelung" besser darstellen? Prinzipiell gibt es hierzu mehrere Möglichkeiten. Man könnte sich tatsächlich Bündel oder Pakete vorstellen und versuchen, hierauf eine Darstellung aufzubauen. Man könnte aber auch andere Verben verwenden, um neue Sinnbilder zu gebrauchen. Etwa indem man statt „bündeln" „verdichten" sagt.

Eine weitere Möglichkeit, eine Bündelung zu symbolisieren, sind Lichtstrahlen, die auf eine Linse treffen. Insofern kann man das Bild einer Lupe als visuelles Konzept verwenden. Bild 35 zeigt eine in diesem Sinne überarbeitete Fassung. Der Eindruck der Bündelung wird optisch herausgearbeitet, indem viele dünne Pfeile eintreffen, aber nur ein dicker Pfeil heraustritt.

Allerdings lässt auch diese überarbeitete Fassung wichtige Fragen offen: Wo kommt das Marktwissen her? An wen wird das gebündelte Wissen weitergegeben? Wie genau wird das Wissen gebündelt? Hier müsste noch die globale Kernaussage der Überschrift in weitere Teilaussagen detailliert werden.

Grundaufbau Infografik

- **Kernaussagen:** Formulieren Sie zu Beginn, unabhängig von der Grafik, die Kernaussagen, die vermittelt werden sollen.
- **Titel als Ausgangspunkt:** Falls Sie schon eine Vorstellung zu einem Titel haben, könnte dieser ein Ausgangspunkt sein, um Kernaussagen abzuleiten.
- **Ablauf oder Struktur:** Machen Sie sich klar, was in Ihrer Darstellung im Vordergrund stehen soll.
- **Grundformen:** Überprüfen Sie, ob für Ihre Zwecke nicht auch die standardisierten Grundformen verwendet werden können.

9.2 Einfache Ausführung

WORUM GEHT ES?

Viele Infografiken vermitteln ein komplexes Bild. Oft kann man den Eindruck bekommen, dem Verfasser ist dieser Umstand ganz recht, nach der Devise: „Je komplexer die Grafik, desto anspruchsvoller ist ihr Inhalt." Diese Gleichung geht so nicht auf. Eher das Gegenteil ist richtig: Eine Infografik ist umso wertvoller, je mehr es ihr gelingt, einen schwierigen Sachverhalt zu vereinfachen.

Wir haben das Beispiel in Bild 36 dem Band „Die wirrsten Grafiken der Welt" entnommen. Die Darstellung fällt jedoch erfahrungsgemäß nicht allzu

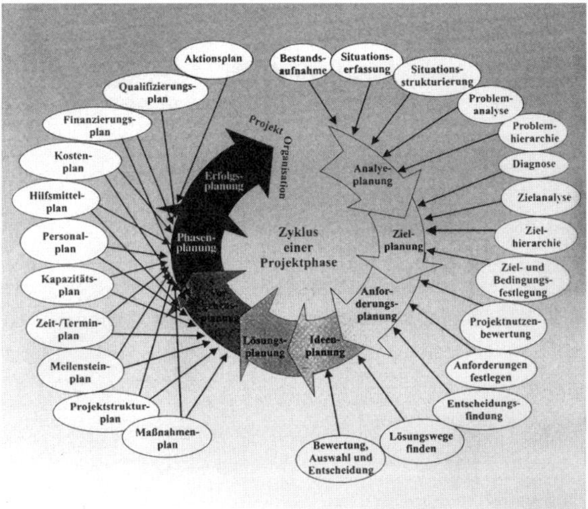

Bild 36: Beispiel einer nicht ganz so einfachen Ausführung (Gerhard Henschel, Die wirrsten Grafiken der Welt, Hoffmann und Campe, 1. Aufl. 2003, Abb. auf S. 68)

sehr aus dem Rahmen dessen, was im Geschäftsalltag produziert wird.

WAS BRINGT ES?

Wenn Sie Ihre Darstellung so einfach wie möglich gestalten, ohne dass relevante Informationen verloren gehen, wirkt Ihre Infografik überlegter, überzeugender und ist schneller und sicherer zu lesen.

WIE GEHE ICH VOR?

Anhand Bild 36 zeigen wir Ihnen, wie Sie Ihre Infografiken Schritt für Schritt vereinfachen können.

Dabei sollten Sie zunächst das visuelle Konzept auf seine Tauglichkeit prüfen (A), Elemente kritisch hinterfragen (B) und schließlich die gezeigten Informationen so weit wie möglich komprimieren (C).

A Visuelles Konzept überprüfen

Bild 36 besteht aus einem Ring, der sich aus Blockpfeilen zusammensetzt. In der Mitte des Rings finden wir die Beschriftung „Zyklus einer Projektphase“, die stutzig werden lässt. Ist eine Projektphase ein Zyklus? Benötigt man hier wirklich die Kreisform?

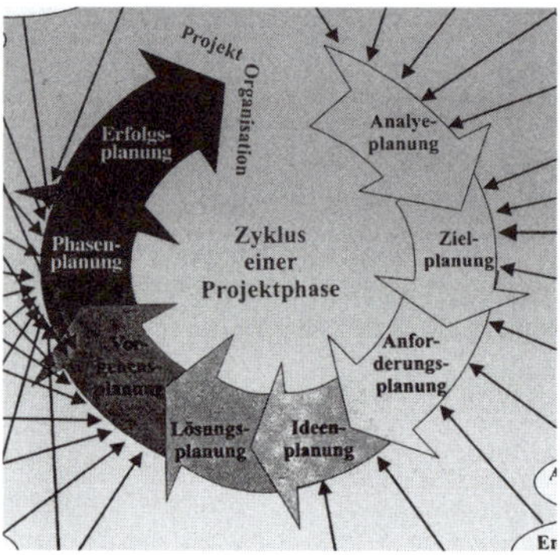

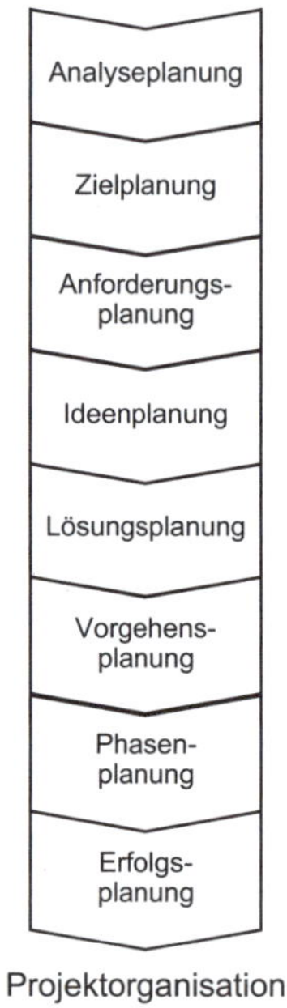

Bild 37: Vereinfachung eines visuellen Konzepts. Links das Original, rechts die Überarbeitung

Jeder Projektmanager ist froh, wenn ein Projekt auch vorankommt und sich nicht immer wieder im Kreis dreht. Die Kreisform macht in diesem Fall die Darstellung kompliziert und ist auch fachlich fragwürdig.

Am Anfang vieler Infografiken stehen Pfeile. Zugegeben, Pfeile sind sehr praktisch. Sie haben

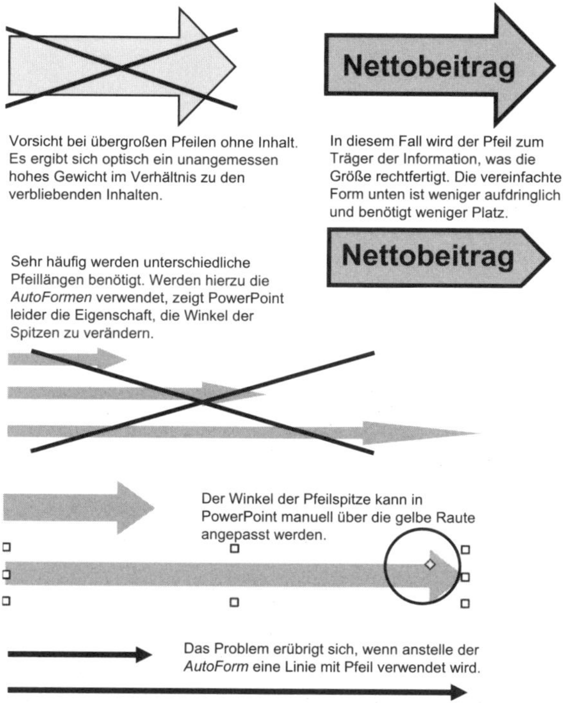

Bild 38: Tipps zum Einsatz von Pfeilen in PowerPoint

einen Anfang, ein Ende und eine genaue Richtung. Eigenschaften, die im Management heute oft vermisst werden und vielleicht der Grund, warum Pfeile in solcher Häufigkeit eingesetzt werden.

Infografiken, die in PowerPoint erstellt werden, weisen sehr oft Mängel in der Verwendung von Pfeilen auf. Die Pfeile sind unnötig groß, es gibt zu viele

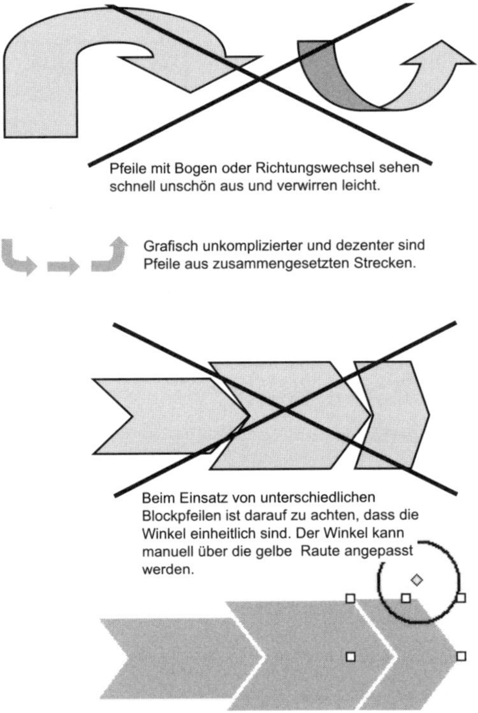

Bild 38: Einsatz von Pfeilen in PowerPoint *(Fortsetzung)*

davon oder ihre Formen variieren stark untereinander. Auch hier ist weniger mehr. Setzen Sie nur so viel Pfeile wie nötig ein. Zu viele Pfeile geben keine Orientierung, sondern verwirren. Beachten Sie die in Bild 38 dargestellten Hinweise zur grafischen Ausführung von Pfeilen.

So vereinfachen wir auch die Pfeile in unserem Beispiel. Aus gebogenen werden gerade Pfeile und wir verwenden eine platzsparende Form ohne ausgeprägte Pfeilspitze.

B Elemente kritisch hinterfragen

Bild 39 enthält inhaltliche Schwächen. So ist den Abschnitten „Lösungsplanung“ und „Erfolgsplanung“ kein Inhalt zugeordnet. Wenn diese Phasen jedoch keinen Inhalt haben, kann man getrost darauf verzichten. Wir können hier ohne Weiteres ganze Phasen sparen.

Bei der weiteren Überarbeitung wird offensichtlich, dass die Abschnitte „Phasenplanung“ und „Vor-

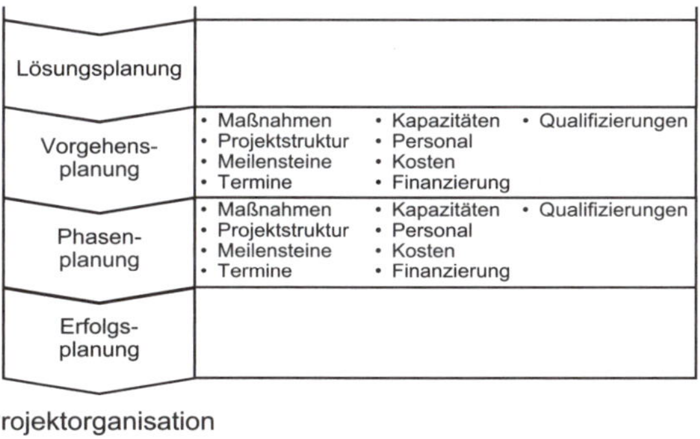

Bild 39: Weiterer Raum zur Optimierung

gehensplanung“ absolut deckungsgleich sind. Wir können also die beiden Phasen zusammenlegen und haben auf einen Schlag neun der unschönen inhaltlichen Überlappungen eliminiert. Ein gutes Beispiel, wie eine durchdachte Darstellung auch das logische Denken optimiert.

C Informationen verdichten

Eine gute Infografik präsentiert ihre Information möglichst effizient. Das erspart dem Leser Arbeit.

Dieses Prinzip ist offensichtlich vernachlässigt worden. So weisen alle Phasen die Endung „-planung“ auf. Diese Information kann man vereinfachend und übergeordnet zum Ausdruck bringen, zum Beispiel im Titel der Grafik. Die Darstellung lässt sich so kompakter gestalten und dem Betrachter wird weniger Text zugemutet (Bild 40).

Zuletzt erhält die überarbeitete Grafik noch einen geeigneten Titel: „Projekte planen und organisieren“ (Bild 41).

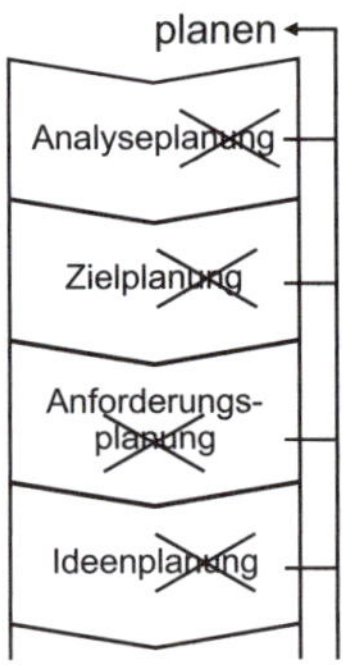

Bild 40: Zusammenfassen sich wiederholender Detailinformation zu einem übergeordneten Element

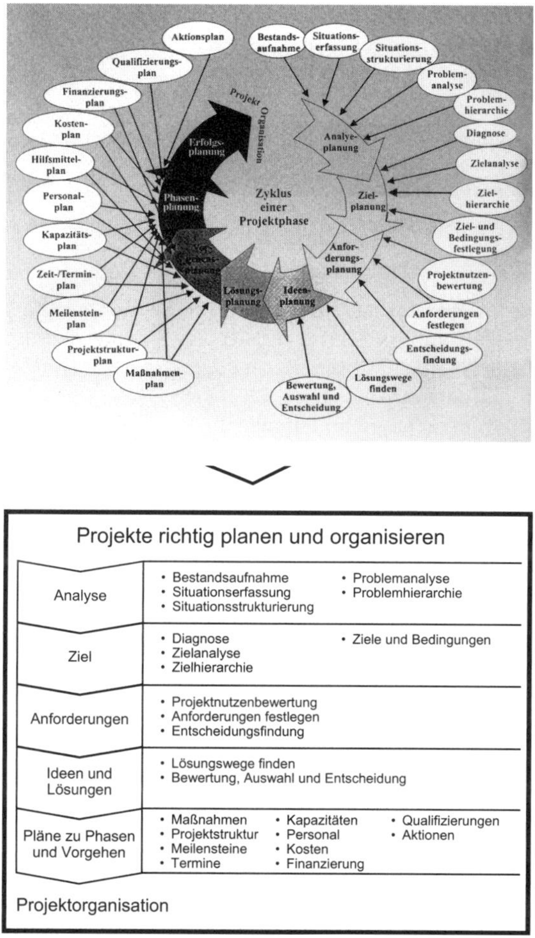

Bild 41: Infografik vor und nach der Vereinfachung

Einfache Ausführung

- **Platzsparender Aufbau:** Suchen Sie nach Möglichkeiten, den Aufbau einer Darstellung zu optimieren: Lässt sich der Aufbau vereinfachen? Kann durch eine veränderte Anordnung Platz eingespart werden?
- **Pfeile dezent einsetzen:** Setzen Sie Pfeile dezent ein. Pfeile können häufig durch einfache Linien ersetzt werden. Setzen Sie Pfeile nur dann ein, wenn tatsächlich eine Richtung und Aktion dahinter steht. Verwenden Sie möglichst schlichte Pfeilformen.
- **Information verdichten:** Achten Sie auf Inhalte, die sich häufig wiederholen. Hier lässt sich meist Information verdichten, indem ein übergeordneter Punkt eingeführt wird.
- **Weniger ist mehr:** Vermeiden Sie in einer Grafik alles, was nicht unbedingt erforderlich ist. Setzen Sie Farben sparsam ein. Vermeiden Sie Farbverläufe.

9.3 Infografiken exakt ausführen

WORUM GEHT ES?

Den meisten Menschen bereitet es mehr Vergnügen, mal eben ein Konzept zu entwerfen, als es tatsächlich bis ins letzte Detail zu Papier oder auf den Bildschirm zu bringen. Das scheint der Grund zu sein, warum häufig Infografiken zeichnerisch mangelhaft ausgeführt wurden. Beispiele für diese Inkonsequenz finden sich nicht nur in Unternehmen, sondern auch in offiziellen Publikationen wie Fachbüchern.

Das Beispiel in Bild 42 zeigt gleich mehrere Schwächen: Die Darstellung wirkt unruhig, da die Elemente nicht ausgerichtet sind. Die Abbildung macht einen

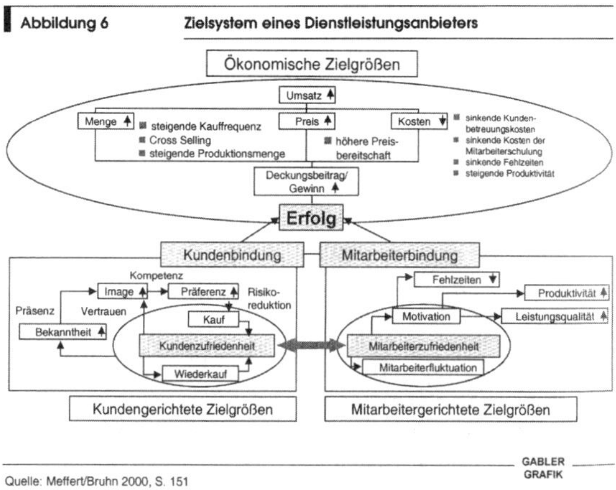

Bild 42: Mangelhaft ausgeführte Infografiken irritieren (Manfred Bruhn u. Heribert Meffert: Exzellenz im Dienstleistungsmarketing, Fallstudien zur Kundenorientierung, Gabler, 1. Aufl. 2002, Abb. auf S. 142, Abb. 6: Zielsystem eines Dienstleisters)

unaufgeräumten Eindruck. Zusätzlich irritiert, dass Elemente mit ähnlicher Bedeutung in unterschiedlicher Größe abgebildet werden. So ist zum Beispiel links unten „Bekanntheit" mit einem größeren Rechteck umgeben als „Image". Solche Unterschiede verwirren, da das menschliche Auge geneigt ist, größere Elemente auch inhaltlich höher zu bewerten. Zumindest muss der Betrachter überprüfen, ob seine Einschätzung stimmt, auch wenn dies oft unbewusst geschieht. In unserem Beispiel handelt es sich jedoch anscheinend um Elemente von gleichem Rang.

Eine Infografik exakt auszuführen kostet Zeit und Mühe, aber auch hier gilt: Einer muss sich die Mühe machen, entweder der Autor oder der Leser.

WAS BRINGT ES?

Eine nicht exakt ausgeführte Grafik wirkt unprofessionell. Das Auge wird irritiert. Das Betrachten einer Grafik macht einfach mehr Freude, wenn die zeichnerische Ausführung genau und anschaulich ist.

WIE GEHE ICH VOR?

- **Überprüfen des visuellen Konzepts:** In Bild 42 stehen die Elemente „Deckungsbeitrag/Gewinn", „Umsatz" und „Kosten" in einem Bezug zueinander. Es wird aber nicht gezeigt, in welchem Zusammenhang diese Elemente zueinander stehen, obwohl das in dieser Grafik leicht möglich wäre. Daher wird zunächst die bekannte Formel „Umsatz - Kosten = Gewinn" in der Infografik auch genauso verwendet (Bild 43). Ein Leser, der die Formel kennt, gewinnt so schnell Orientierung in der Darstellung und ist eher bereit, sich auf weitere, neue Inhalte einzulassen.
- **Konsequente Formensprache:** In Bild 42 sind alle Benennungen in einem Rechteck eingefasst. Es zeigt sich jedoch, dass die Elemente nicht die gleiche Qualität haben. So ist „Ökonomische Zielgröße" ein Sammelbegriff für mehrere Elemente, während Umsatz nur eine solche ökonomische Zielgröße ist. Zwei Begriffe, die nicht zusammenpassen, sollten optisch auch unterschiedlich ausgeführt werden, um es dem Betrachter leichter zu machen, diesen qualitativen Unterschied zu

Vorher

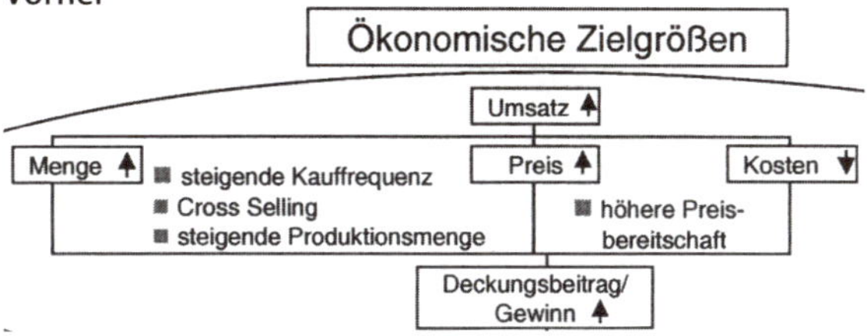

Nachher

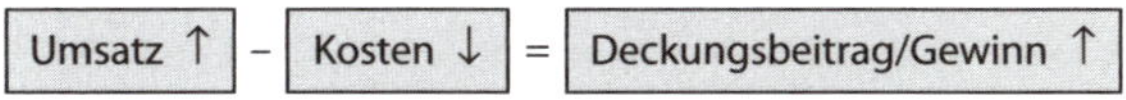

Bild 43: Optimieren des visuellen Konzepts

erkennen. Daher kann auf die Rechtecke bei „… Zielgrößen“ verzichtet werden.

- **Möglichst einheitliche Größen:** In Bild 42 sind die Rechtecke mit unterschiedlichen Größen ausgeführt. Dadurch muss der Leser zunächst – bewusst oder unbewusst – klären, ob hinter diesen Größenunterschieden eine Aussage steht oder nicht. Da hier die Größenunterschiede keine Bedeutung haben, ist die Mühe des Lesers umsonst (Bild 44).

Die unterschiedlichen Größen tragen zusätzlich zu einem unruhigen optischen Eindruck bei. Die Rechtecke werden in der Überarbeitung in gleicher Größe ausgeführt. Hierzu orientiert man sich an der umfangreichsten Bezeichnung und übernimmt dieses Maß für die anderen Elemente. Die nun einheitlichen Elemente lassen sich im folgenden Schritt auch einfacher ausrichten.

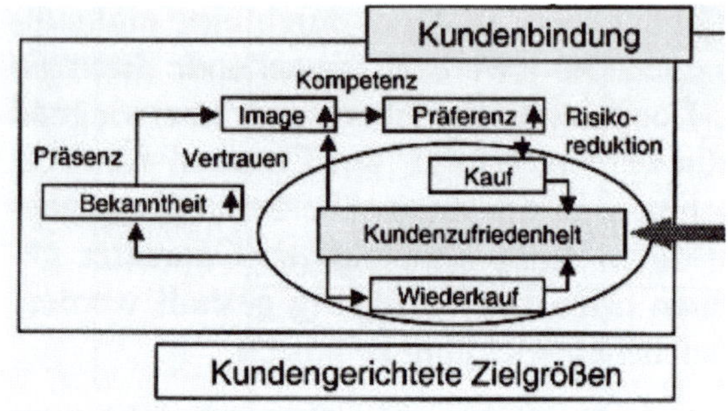

Bild 44: Größenunterschiede der Elemente (Rechtecke) verwirren und verstärken den unruhigen Eindruck

- **Ausrichten der Elemente:** Im nächsten Schritt werden die in der Grafik enthaltenen Elemente an möglichst wenigen Fluchtlinien einheitlich ausgerichtet.

Elemente ausrichten

PowerPoint bietet drei wesentliche Werkzeuge, um das Ausrichten von Grafikelementen zu vereinfachen:

1. Unter dem Menü *Zeichnen* in der Symbolleiste *Zeichnen* die Funktion *Raster* und *An Form ausrichten*. Sie sollten das Raster bereits bei der Erstellung der Elemente einsetzen.
2. Das Menü *Ausrichten oder verteilen* (ebenfalls enthalten in der Symbolleiste *Zeichnen*) ermöglicht eine Reihe von Befehlen, um Elemente gemeinsam an einer Fluchtlinie auszurichten.

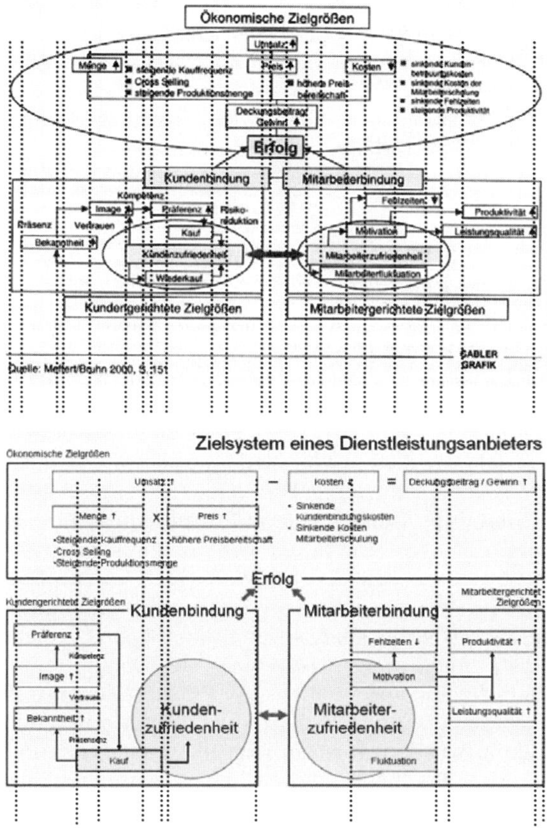

Bild 45: Fluchtlinien vor und nach der Überarbeitung

3. Nutzen Sie die „Führungslinien“, um Fluchten über mehrere unabhängige Elemente zu bestimmen (Bild 45). Führungslinien werden unter dem Menü *Ansicht* aktiviert. Weitere Führungslinien fügen Sie in PowerPoint ein, indem Sie eine Führungslinie mit gedrückter Shift-Taste mittels Mauszeiger ziehen.

9.4 Illustration

WORUM GEHT ES?

In Bild 46 wurden die wesentlichen Anforderungen, die wir bisher aufgestellt haben, erfüllt: Der Aufbau der Grafik ist recht einfach gehalten, die Elemente sind exakt ausgerichtet und so weiter. Dennoch kann diese Grafik nicht richtig überzeugen. Das liegt zum einen daran, dass unklar bleibt, was denn die einzelnen Bildelemente zu bedeuten haben. Zum anderen irritieren die Illustrationen im Inneren der Ellipse. Dort sehen wir eine bunte Mischung aus typischen Illustrationen, wie sie kostenlos im Lieferumfang von Präsentationssoftware enthalten oder sehr günstig zu erwerben sind, sogenannte *Cliparts*. Solche Illustrationen mögen zu Anfang des Computerzeitalters beeindruckt haben, als Präsentationen ausschließlich mittels Schrift oder selten mit Fotos ergänzt wurden. Das hat sich inzwischen deutlich geändert. Wer heute solche Cliparts verwendet, setzt sich dem Eindruck aus, auf eine seriöse Erscheinung seiner Darstellung keinen Wert zu legen.

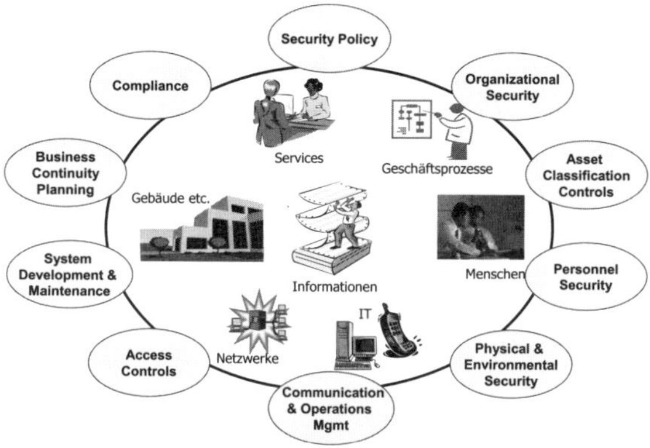

Bild 46: Infografik mit ungünstigen Bildelementen (Secorvo Security Consulting GmbH, BS 7799: Von „Best Practice" zum Standard, Secorvo White Paper, Informationssicherheits-Management nach BS 7799 im Überblick, Version 1.1, Stand 07. November 2003)

WAS BRINGT ES?

Ihre Darstellung gewinnt an Überzeugungskraft, wenn Sie zur Illustration grafisch ansprechende Elemente verwenden.

WIE GEHE ICH VOR?

Warum vermitteln die Illustrationen in unserem Beispiel keinen befriedigenden Gesamteindruck? Das liegt daran, dass die einzelnen Illustrationen aufwendiger ausgeführt sind, als es eigentlich notwendig ist. Sie enthalten überflüssige Stilelemente, was zulasten der Eleganz geht. Man würde auch mit erheblich weniger Details auskommen (Bild 47).

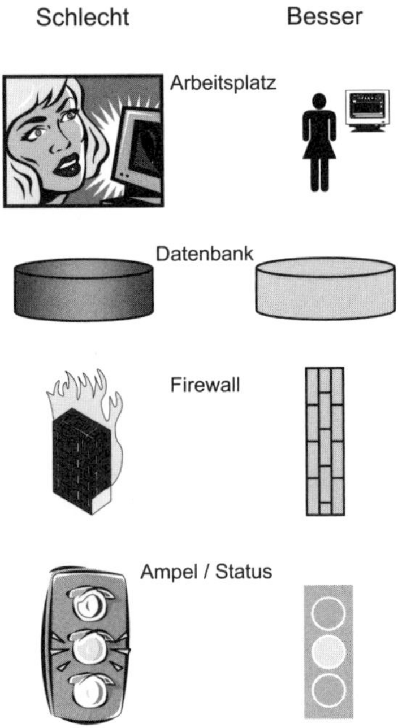

Bild 47: Ziehen Sie einfache Symbole comicartigen Abbildungen vor

Solche comicartigen Illustrationen sollten Sie in einer seriös gemeinten Darstellung nicht verwenden. Darüber hinaus greifen die verwendeten Illustrationen einen bunten Stilmix auf. Sie passen einfach nicht zusammen. Ein einsames Foto findet sich neben eher linienorientierten Abbildungen, die im Kontrast zu flächig ausgefüllten Grafiken stehen.

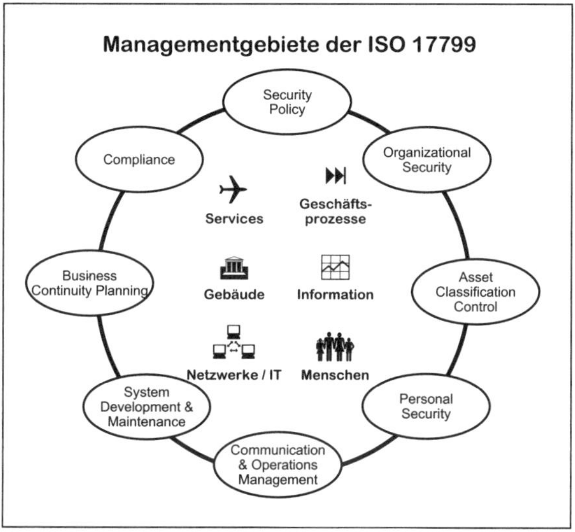

Bild 48: Beispiel nach Überarbeitung

Gefragt ist also ein einheitlicher Stil von Illustrationen. Dies ist jedoch nicht einfach zu realisieren. Ansprechend gestaltete Illustrationen kosten Geld und sind teilweise teuerer als professionelle Fotografien. Ein Ausweg besteht darin, einfache Symbole zu verwenden (Bild 48).

Solche Symbole findet man zum Beispiel in besonderen Schriftarten, den sogenannten „Dingbats". In unserem Beispiel wurden die Dingbats „Webdings" und „Wingdings" verwendet, die auf nahezu jedem Windows-PC installiert sind. Im Internet lassen sich weitere Dingbats zum kostenfreien Download finden.

Symbole einsetzen

- **Dingbats:** Schriften, die Symbole enthalten, sogenannte Dingbats, sind standardmäßig auf jedem Windows-PC installiert (zum Beispiel die Schriftarten *Wingdings* oder *Webdings*). Für die schnelle Auswahl der Symbole eignet sich die Windows-Zeichentabelle (unter der Programmgruppe *Zubehör*). Weitere Symbolschriften finden Sie kostenfrei im Internet (zum Beispiel www.dingbatdepot.com).
- **Legende:** Wenn die Bedeutung des Symbols nicht zweifelsfrei klar ist, ist eine Legende einzuführen. Oder Sie führen eine Erläuterung direkt in der Abbildung ein.
- **Einfachheit:** Verwenden Sie so wenige Symbole wie möglich. Achten Sie darauf, dass gleiche Symbole tatsächlich auch für inhaltsgleiche Aussagen eingesetzt werden.
- **Wichtig!** Werden Ihre PowerPoint-Dateien auf anderen Rechnern weiterverwendet, müssen auch beim Empfänger die verwendeten Schriftarten installiert sein. Andernfalls werden die Symbole automatisch durch eine andere Schriftart ersetzt. Der Empfänger findet in diesem Fall einen undefinierbaren Schriftbrei vor. Dem können Sie vorbeugen, indem Sie zum Beispiel die Präsentation als PDF-Dokument versenden. Eine weitere Möglichkeit besteht darin, die Symbole in die Zwischenablage zu kopieren und dann unter dem Menü *Inhalte einfügen...* als *erweiterte Metadatei* einzufügen. Danach sind die Symbole jedoch nicht mehr zu bearbeiten!

10 Fotos

WORUM GEHT ES?

Fotografien sind allgegenwärtig. In diesem Abschnitt zeigen wir Ihnen, worauf Sie achten sollten, wenn Sie Fotos in Ihren Dokumenten einsetzen. Dazu gehen wir zunächst auf die Funktionen ein, die mit Fotos verbunden sein können.

Dokumentarische Funktion

In technischen Dokumentationen eignen sich Fotografien hervorragend, um Sachverhalte zu dokumentieren. Besonders wenn es darauf ankommt, einen Einzelfall darzustellen. Ein Beispiel ist die Dokumentation von Schadensfällen. Dabei kommt es nicht auf Schönheit an. Wichtig ist allein, dass die maßgeblichen Details zu sehen sind (Bild 49).

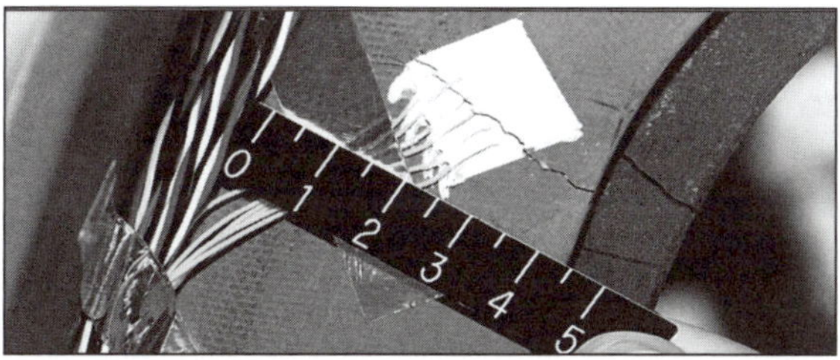

Bild 49: Foto mit dokumentarischem Charakter (Columbia Accident Investigation Board, Report Volume I, August 2003, S. 82)

Nicht in allen Fällen sind Fotos für dokumentarische Zwecke optimal. Denn Fotografien zeigen in der Regel auch viele nicht relevante Details. Damit wird die Aufmerksamkeit vom Wesentlichen abgelenkt. Eine gute Illustration lässt hingegen das Wesentliche hervortreten. Aus diesem Grund werden in Gebrauchsanweisungen bevorzugt Illustrationen gezeigt und keine Fotografien.

Ästhetische Funktion

Neben Bildern, aus denen der Betrachter eindeutige Informationen ablesen kann, gibt es auch solche Fotos, bei denen die Information eine untergeordnete Rolle spielt. Hier geht es um etwas anderes: Die Neugierde des Betrachters wecken, ihn auf einer emotionalen Ebene ansprechen, ihm eine Projektionsfläche bieten.

Solche Abbildungen begegnen uns jeden Tag in der Werbung. Sie werden etwas abfällig auch *Imagebilder* genannt. Eignen sich Imagebilder auch für eine interne Verwendung in Unternehmen? Um die Frage zu beantworten, sind wieder die Überlegungen der Kapitel 2 und 3 wichtig: Was ist das Kommunikationsziel und welche Zielgruppe wird angesprochen? Wenn Sie Ihre Zielgruppe motivieren müssen und wenn es auf deren Überzeugung ankommt, dann kann es sehr wohl zweckmäßig sein, auch für interne Dokumente Imagebilder zu verwenden.

WAS BRINGT ES?

Nichts ist besser geeignet einem Dokument Lebendigkeit zu verleihen als eine gute Fotografie. Sie zieht das Auge des Betrachters auf sich und weckt das

Interesse. Zusätzlich können die richtigen Bilder einem Dokument eine eigene Ästhetik verleihen.

WIE GEHE ICH VOR?

Die Funktion bestimmen

Wenn Sie Fotos einsetzen möchten, sollten Sie sich zunächst bewusst machen, welche Funktion das Foto übernehmen soll. Sofern es darum geht, einen Sachverhalt zu dokumentieren – zum Beispiel ein Qualitätsproblem –, können Sie auf selbst erstellte Fotos zurückgreifen. Denn in dieser Situation kommt es darauf an, dass die wesentlichen Fakten sichtbar werden. In diesem Fall können Sie also ohne Weiteres Ihre eigene Digitalkamera zücken.

Geht es hingegen um die ästhetische Wirkung, so erzielen Sie mit selbst erstellten Fotos nur in Ausnahmefällen befriedigende Ergebnisse. Ein unprofessionell wirkendes Bild kann hier schnell Gegenteiliges bewirken. Der Betrachter wird eher abgeschreckt als eingeladen, sich mit dem Inhalt zu beschäftigen. Ein gutes Foto anzufertigen kostet Geld, Zeit und fotografisches Geschick. Diese Bedingungen können im beruflichen Umfeld nur selten erfüllt werden. Es stellt sich also die Frage: Wo finden Sie geeignete Bilder?

Unter dem Stichwort „Bildagentur“ finden Sie im Internet Anbieter für professionelle Bilder und Illustrationen. So finden Sie unter www.fotolia.de kostengünstige Bilder. Unter www.geetyimages.com erhält man ambitioniertes Bildmaterial und gute Suchfunktionen. Ein Beispiel für den Einsatz einer Fotografie zeigt Bild 50.

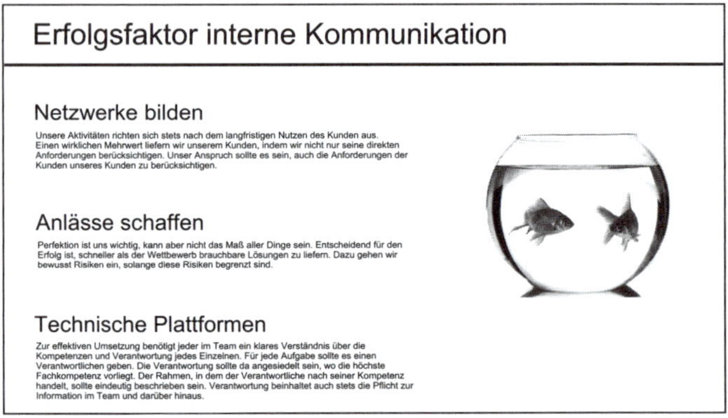

Bild 50: Bild als Blickfang eingesetzt (Fotolia)

Grafik, Foto oder Illustration?

Für ein Bild mit ästhetischer Funktion können sich verschiedene Motive eignen. Und nicht nur Fotos, auch Illustrationen können für diese Zwecke eingesetzt werden. Hingegen eignen sich Infografiken in diesem Bereich nur bedingt.

Bild 51 zeigt verschiedene Ansätze zur Visualisierung, hier am Beispiel „interne Kommunikation“. Oben links der Versuch in Form einer Infografik, der eher missglückt ist. Diese Grafik vermittelt weder Ästhetik noch Information und ist damit unbefriedigend. Wer Kosten und Mühe für ein ansprechendes Bild scheut, sollte lieber ganz auf eine Abbildung verzichten.

Das Bild oben rechts zeigt, dass in diesem Zusammenhang auch Illustrationen verwendet werden können. Dafür verlangen die Bildagenturen jedoch tendenziell mehr Geld als für Fotografien. In der

Reihe unten finden sich Visualisierungen, die auf Fotos basieren. Links ein eher konventionelles, rechts ein eher kreatives Bild.

Die Entscheidung für eine bestimmte Variante ist auch hier abhängig vom Anlass und damit von Ziel und Zielgruppe der Kommunikation. So hat die Illustration oben rechts eher eine negative Ausstrahlung, die Figuren scheinen aneinander vorbeizubrüllen. Diese Abbildung könnte sich eignen, wenn auf bestimmte Probleme hingewiesen werden soll.

Die Situation in der Teeküche unten links dürfte hingegen positiv wahrgenommen werden und eignet sich, positive Aspekte hervorzuheben. Jedoch besteht hier die Gefahr, dass ein Betrachter dem Bild ungewollt einen dokumentarischen Charakter zuschreibt. In einem solchen Fall fragt er sich, um welche Tee-

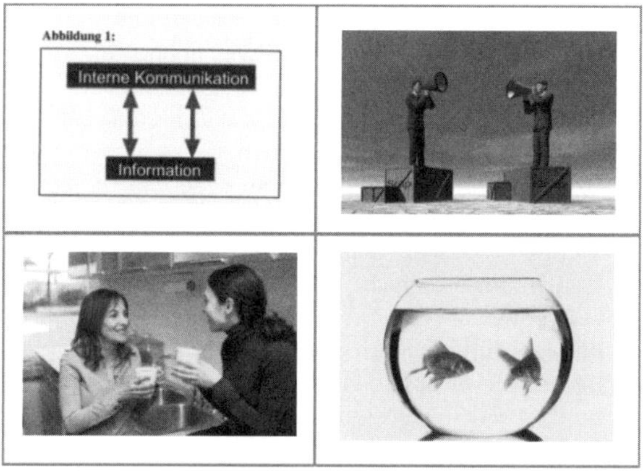

Bild 51: Varianten zur Visualisierung von „interner Kommunikation“

küche oder welche Kollegen es sich denn wohl handelt.

Das Bild mit den zwei Goldfischen im Glas geht spielerisch mit dem Thema um. Solche, als Metapher eingesetzten Bilder, sind besonders geeignet, das Interesse des Betrachters zu wecken.

Fotografien richtig einsetzen

- **Dokumentation oder Emotion?** Klären Sie zunächst immer, was der Einsatz des Bildes bezwecken soll. Nur so können Sie ein geeignetes Bild wählen.
- **Dokumentation:** Bilder mit dokumentarischem Charakter müssen nicht in jedem Fall schön aussehen. Hier steht die Sache im Vordergrund, nicht die Fotokunst. Solche Bilder sollten in einem Begleittext erläutert werden. Gehen Sie nicht davon aus, dass sich der Inhalt des Bildes von selbst erschließt.
- **Emotion:** Soll das Bild überwiegend die Funktion eines Blickfangs haben und ein positives Image vermitteln, so sollten Sie unbedingt hochwertige Bilder einsetzen. Verzichten Sie lieber ganz auf ein Bild, als dass Sie minderwertiges Material verwenden.
- **Lizenzbestimmungen beachten:** Beachten Sie bei der Verwendung von fremden Bildern die Lizenzbestimmungen. Dass ein Bild im Internet zum Download steht, bedeutet nicht, dass Sie es uneingeschränkt verwenden dürfen.
- **Bildagenturen:** Bieten eine umfangreiche Auswahl an Bildern an. Beispiel: *www.gettyimages.com* ist ambitioniert mit leistungsstarken Suchfunktionen, *www.fotolia.de* ist kostengünstig.
- **Offene Bildplattformen:** Auf Plattformen wie *www.*

flickr.com sind im Internet unzählige Bilder zugänglich. Aber auch hier gelten Lizenzbestimmungen. Bilder, die kommerziell verwendet werden dürfen, finden sich auf flickr unter *search/advanced search*. Dann die Checkbox *Creative Commons* auswählen.

11 Inhalte zuordnen

11.1 Bilder und Texte zuordnen

WORUM GEHT ES?

In den vorausgegangenen drei Kapiteln fanden Sie Hinweise zum Einsatz von Bildern in Dokumenten, seien es Diagramme, Infografiken oder Fotografien. In diesem Kapitel geht es darum, diese Bilder effektiv mit Texten zu verbinden.

Vielleicht kennen Sie die Situation: Eine Telefonkonferenz ist sehr gut mit einer ausführlichen Unterlage vorbereitet worden. Zum besseren Verständnis wurden wichtige Inhalte grafisch aufbereitet. Sobald die Grafiken jedoch telefonisch diskutiert werden, verlieren die Beteiligten schnell den Faden. In diesem Fall wurden Bild und Text nicht ausreichend miteinander verknüpft. Es dauert zu lange, bis die Beteiligten sich orientieren können.

WAS BRINGT ES?

Eine exakte Zuordnung von Bild und Text erleichtert die Kommunikation. Der Leser kann sehr viel leichter erkennen, von welchem Teil eines Bildes gerade die Rede ist. Das ist besonders wichtig bei umfangreichen Textbeschreibungen, Telefon- und Videokonferenzen. Aber auch im persönlichen Vortrag wirken geschickt dargestellte Zuordnungen professionell.

WIE GEHE ICH VOR?

Für Zuordnungen zwischen Bildern und Texten bieten sich drei Varianten an: die direkte Beschreibung am Bild (A), die Zuordnung über eine Aufzählung (B) und die Verwendung eines Koordinatensystems (C).

A Direkte Textzuordnung

Die einfachste Zuordnung von Bild und Text können Sie erzielen, indem Sie einen Textblock durch eine Linie mit dem entsprechenden Bildelement verbinden (Bild 52).

Die Orientierung wird deutlich erhöht, wenn ein aussagekräftiges Stichwort der Erläuterung vorangestellt wird. Das Anordnen der Texte und Setzen der Verbindungslinien verlangen etwas gestalterisches Geschick. Sollten komplexe Darstellungen erläutert werden, ist diese Verbindung von Text und Grafiken nicht geeignet. Sollte eine chronologische Abfolge dargestellt werden, bietet sich darüber hinaus eine Nummerierung an. Wenn die Reihenfolge unbestimmt ist, empfiehlt sich eine alphabetische Aufzählung.

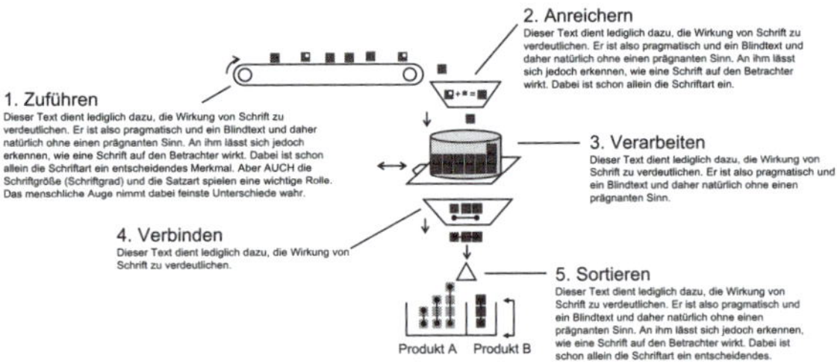

Bild 52: Direkte Zuordnung von Bild und Text

B Erläuterung in einem Textblock

Bei dieser Variante stehen die Erläuterungen in einem kompakten Textblock (Bild 53).

Diese Art der Zuordnung ist grafisch weniger aufwendig und daher schneller zu erstellen. Zudem können sehr viele Zuordnungen verwendet werden, ohne dass die Optik leidet. Diese Variante bietet sich an, wenn die Grafik nicht nur in Präsentationen, sondern auch in stärker textorientierten Formaten, wie Broschüren oder Handbüchern, verwendet werden soll.

C Koordinaten

Bei sehr umfangreichen oder komplexen Darstellungen bietet sich der Einsatz eines Koordinatensystems an. So kann sowohl schriftlich als auch mündlich einfach und schnell ein Zusammenhang hergestellt werden (Bild 54).

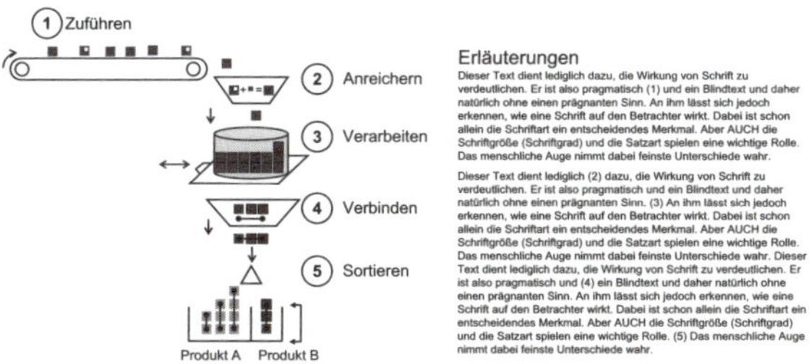

Bild 53: Zuordnung von Bild zu Text durch eine Aufzählung

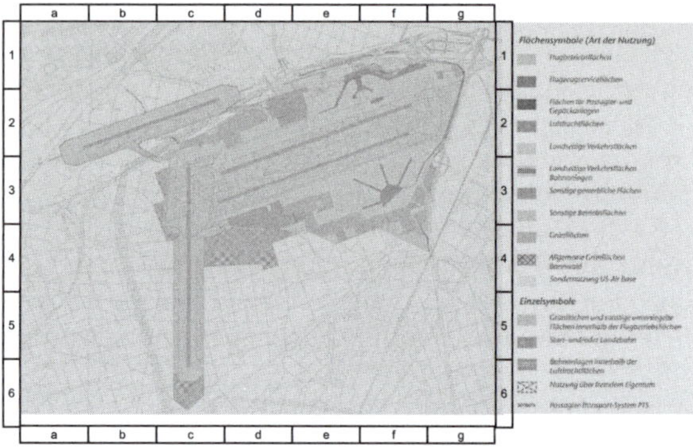

Bild 54: Zuordnung durch Koordinaten

11.2 Inhaltsübersicht

WORUM GEHT ES?

Wenn Menschen sich in einem unbekannten Gebiet zurechtfinden sollen, benötigen sie Orientierung. Genau dasselbe gilt auch für Dokumente. In diesem Kapitel geht es um Techniken, um die inhaltliche Struktur eines Dokuments transparent zu machen.

In Textverarbeitungen wie Word können Sie die automatisierten Funktionen nutzen, um Elemente einzufügen, die Orientierung geben. Hierzu gehören Inhaltsübersichten und Kapitelüberschriften in Kopfzeilen. Solche Funktionen sind in Präsentationssoftware nicht oder nur spärlich vorhanden. In diesem Kapitel geht es deshalb darum, wie Sie auch in Präsentationen auf jeder Seite Orientierung bieten können.

WAS BRINGT ES?

Sie erleichtern dem Leser wesentlich die Orientierung in ihrem Dokument. Es fällt leichter, die Inhalte zuzuordnen und somit zu verstehen.

WIE GEHE ICH VOR?

Es empfiehlt sich, auf der Inhaltsseite eines Dokuments eine Navigation darzustellen. Die einfachste Möglichkeit hierzu ist, eine Anleihe bei Webseiten zu nehmen. Hier hat es sich durchgesetzt, auf jeder Inhaltsseite den Bezug zum Ganzen anzuzeigen. Diese sogenannte Navigation zeigt auf jeder Seite an, wo man sich befindet. Dieses Prinzip lässt sich auch auf Präsentationen übertragen.

Sie können die Inhaltsstruktur Ihrer Präsentation waagrecht oder senkrecht anlegen. Die Bilder 55 und 56 zeigen Beispiele.

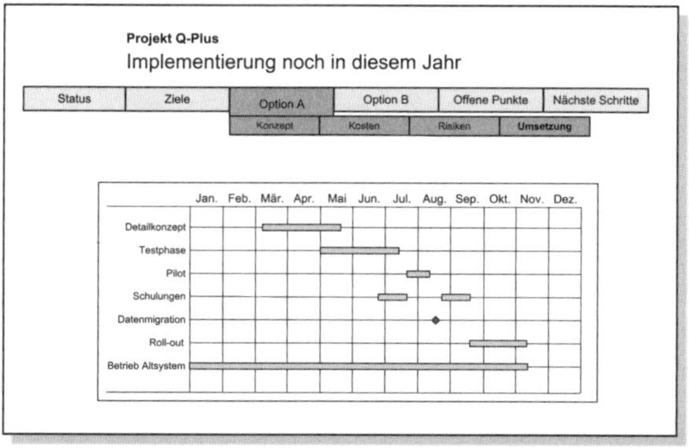

Bild 55: Mitgeführte Inhaltsübersicht waagrecht ausgeführt

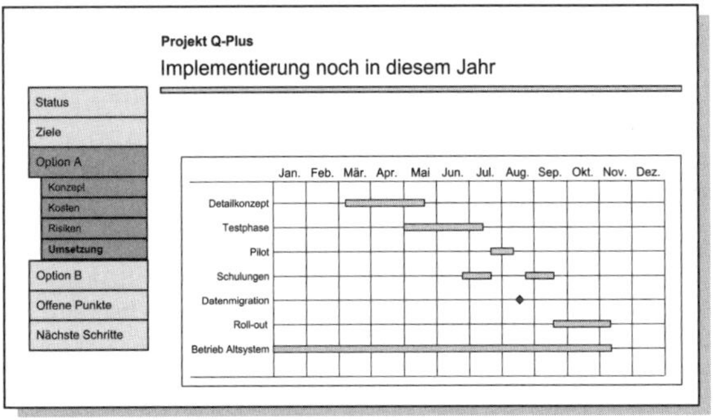

Bild 56: Mitgeführte Inhaltsübersicht senkrecht ausgeführt

12 Grundlegende Regeln

Zum Schluss erhalten Sie einen Überblick der wichtigsten Regeln, mit denen Sie Dokumente perfekt gestalten:

- **Ziel und Zielgruppe nicht aus den Augen verlieren:** Der Schlüssel zu einer überzeugenden Kommunikation liegt darin, sich seines Zieles bewusst zu sein und jederzeit auf die besonderen Anforderungen der Empfänger einzugehen.
- **Weniger ist mehr:** Die Kunst eines perfekten Dokuments besteht darin, der Zielgruppe gerade so viel wie nötig und so wenig wie möglich zu sagen. Dieses Prinzip sollte sich durch alle Elemente ziehen. Aber vergessen Sie nicht, der Zielgruppe einen einfachen Einstieg in das Thema zu bieten, indem Sie bereits bekannte Sachverhalte wiederholen.
- **Detail und Übersicht:** Der Wechsel zwischen Detail und Übersicht einerseits und Übersicht und Detail andererseits gibt Orientierung im unbekannten Terrain. So, wie ein gutes Navigationssystem Ihnen sowohl eine Übersichtskarte liefert als auch eine detaillierte Karte einzelner Straßen liefern kann. Beispiele dafür sind: zusammengefasste und detaillierte Werte in einer Tabelle, die Verknüpfung von Bildern und Text über Zuordnungen und das Mitführen von Inhaltsübersichten im Dokument.

- **Konsistenz in jeder Hinsicht:** Konsistenz ist eine Form der Einfachheit. Wenn Sie zum Beispiel ohne Grund einen Kundenauftrag einmal Auftrag, dann Order und dann Bestellung nennen, sind Sie inkonsistent in der Wortwahl. Konsistenz ist nicht nur in der Sprache, sondern auch in Grafiken und in allen Elementen eines Dokumentes wichtig. Inkonsistenz erhöht ohne Notwendigkeit die Komplexität einer Darstellung und bedeutet damit überflüssige Arbeit für den Leser.

Wenn Sie diese grundlegenden Regeln beherzigen, werden Sie viele Ansätze finden, um Ihre Dokumente perfekter zu gestalten.

Literatur

Gubins, Jürgen: Mut zur Typografie: Ein Kurs für Desktop Publishing. 2. Auflage, Springer, Berlin 2000

Henschel, Gerhard: Die wirrsten Grafiken der Welt. Hoffmann und Campe Verlag, Hamburg 2003

Koschembar, Frank: Grafik für Nicht-Grafiker. Ein Rezeptbuch für den sicheren Umgang mit Gestaltung. Ein Plädoyer für besseres Design. Westend Verlag, Frankfurt am Main 2005

Reiter, Markus: Perfekt schreiben. Carl Hanser Verlag, München 2006

Wilberg, Hans Peter: Erste Hilfe in Typografie. Verlag Hermann Schmidt, Mainz 1999